William Archer

EL MANUAL DEL PARRILLERO

Diseño de portada: Jorge Garnica / La Geometría Secreta
Diseño e ilustraciones de interiores: Ricardo Velmor
Copyeditor: Alfredo Núñez Lanz
Fotografía en solapa: archivo personal de William Archer

© 2015, William Archer

Derechos reservados

© 2015, Editorial Planeta Mexicana, S.A. de C.V.
Bajo el sello editorial PLANETA M.R.
Avenida Presidente Masarik núm. 111, Piso 2
Colonia Polanco V Sección
Deleg. Miguel Hidalgo
C.P. 11560, México, D.F.
www.planetadelibros.com.mx

Primera edición: junio de 2015
ISBN: 978-607-07-2881-5

Impreso en los talleres de Litográfica Ingramex, S.A. de C.V.
Centeno núm. 162, colonia Granjas Esmeralda, México, D.F.
Impreso y hecho en México – *Printed and made in Mexico*

AGRADECIMIENTOS

Este pequeño libro o gran manual es el resultado del arduo trabajo de muchas personas, a quienes debe su publicación. El autor desea agradecer especialmente a:

– José Luis Caballero Leal, por su amistad e interés en las parrilladas.

– Nubia Macías Navarro, quien facilitó la edición de este manual.

– Daniel Mesino, quien curiosamente es vegetariano y cuyo interés y pasión fueron parte fundamental de la realización de este manual parrillero.

– Alfredo Núñez Lanz, por su meticuloso trabajo como copy editor.

– Ricardo Velmor, por sus ilustraciones y diseño gráfico.

– Javier Garnica, por su diseño de portada.

– Gene P. Archer y Deli Dubon Cano, por inculcarme la pasión de hacer bien las cosas. Es un honor ser su hijo.

– Mónica Valdés Macías, por su incondicional apoyo y cariño.

– Bernardo y Mariana Archer, por ser mis fans.

ÍNDICE

INTRODUCCIÓN

De los 4,500,000,000 de años que lleva el mundo girando te has preguntado alguna vez ¿en qué momento nos volvimos parrilleros? El autor Richard Wrangham en su libro *Catching Fire: How Cooking Made Us Human* nos explica cómo pasamos de ser un Australopithecus Afarensis a Homo Sapiens. Imagínate un estadio con capacidad para 60,000 personas y los primeros en llegar son tú y tu abuela. A la derecha de tu abuela se sienta su abuela, o sea, tu tatarabuela y así sucesivamente se va llenando el estadio hasta llegar al último asiento disponible. En ese momento te tocan el hombro y volteas a ver a la abuela de todos nosotros.

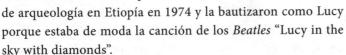

Esta criatura medía aproximadamente un metro con veinte centímetros, era de complexión delgada, caminaba erguida en dos piernas, era peluda y tuvo hijos. Se cree que habitó sólo en África del este, en Etiopía, Tanzania y Kenia. Su osamenta fue descubierta en un campamento de arqueología en Etiopía en 1974 y la bautizaron como Lucy porque estaba de moda la canción de los *Beatles* "Lucy in the sky with diamonds".

¿Qué comía Lucy? Lucy se alimentaba de plantas, raíces y carroña. En aquella época todavía no se había convertido en una cazadora pero sí en una pepenadora. Seguramente asustaba con piedras y palos a los animales para que liberaran a la presa que acababan de matar. Al estar cruda la carne, Lucy dedicaba de las

24 horas del día 6 horas solamente a masticar. ¿Te imaginas eso? A uno le duele la mandíbula después de estar masticando el mismo chicle por más de 20 minutos.

¿Qué fue lo que sucedió para que Lucy y su descendencia evolucionaran? El descubrimiento del fuego hace 500,000 años realmente nos transformó. La pregunta es: ¿de dónde obtuvo el hombre el fuego? Nadie sabe a ciencia cierta, pero perfectamente pudo haber sido de un volcán en erupción, de un rayo que acababa de incendiar un árbol y éste a su vez todo un bosque, o quizá de ramas secas frotándose entre sí.

La siguiente pregunta sería ¿en qué usaban el fuego? Seguramente tenía varias funciones en un principio, como protegerse de los depredadores. ¿Te imaginas estar dormido y despertar sabiendo que te has convertido en la cena de un tigre dientes de sable? O, ¿cuántas veces un mosquito te ha quitado el sueño? ¿Te imaginas una nube de moscos encima de ti? El calor ahuyenta a los mosquitos. Seguramente llevaron el fuego a la entrada de la cueva para calentarla. Quizás de ahí venga el concepto que le damos a la expresión "calor de hogar".

La primera carne asada quizá se dio por casualidad. Nadie sabía el efecto causado al asar carne. Con este hallazgo el hombre no sólo descubrió sus bondades, como su sabor y suavidad, sino que a través de miles de años nos transformó. El cuerpo cambió su sistema digestivo. Éste se redujo. Las poderosas mandíbulas y grandes dientes para masticar y desgarrar carne cruda se fueron reduciendo hasta volverse más pequeños. Reminiscencia de esa época son los dos caninos en la parte superior de nuestra dentadura. Todo esto dio lugar a que la cavidad que aloja el cerebro se volviera más grande y, como consecuencia, el cerebro también aumentó de tamaño. Estos tres aspectos nos dieron la primera receta que la humanidad haya escuchado: el lenguaje.

El hombre se tardó 100,000 años en descubrir cómo crear fuego a voluntad. Crear fuego no es tan fácil como golpear dos piedras hasta sacar una chispa. Aún cuando se logre, esta chispa es fría y no quema. Para que esto funcione una de las piedras tiene que ser ferrosa y que la chispa sea caliente para que pueda encender un poco de yesca. Incluso hoy en día cualquier parrillero que comienza sufre al encender el carbón de su asador.

El jugar con fuego, disfrutar fuegos artificiales, ser atraído por las llamas en una chimenea encendida y asar al aire libre despierta al pequeño cavernícola que llevamos dentro. La intención de este manual es compartir contigo mi aprendizaje en el arte de cocinar al aire libre. Espero que disfrutes y pongas en práctica *tips*, recomendaciones, sugerencias y las recetas básicas descritas en este manual.

*

LAS CUATRO REGLAS QUE NECESITAS SEGUIR PARA TENER ÉXITO COMO PARRILLERO:

1) Ingredientes de calidad

La clave para comer sabroso es comenzar con la mejor materia prima. Por algo reza el dicho: "Buen recaudo hace buen caldo". Si compras ingredientes de buena calidad (y no los quemas) obtendrás muy buenos resultados.

2) El equipo correcto

Utilizar el equipo correcto es fundamental para lograr el objetivo de deleitar a la familia y amigos.

3) La técnica: Saber qué hacer

Lo primero es tener la receta. Después, saber cómo prepararla. Y sólo la práctica te lo da. Cuando termines una parrillada y estés en un momento de tranquilidad reflexiona qué se puede corregir, buscando la mejora continua.

4) Planeación correcta

Con el tiempo, poco a poco y cada vez con más experiencia te irás convirtiendo en un experto y en el Chef Parrillero de tu familia. La planeación es fundamental. Cuando ya no te estreses y todo fluya de maravilla quiere decir que dominaste la técnica; te sientes seguro, tranquilo porque ya tienes todo perfectamente planeado y organizado. Así como un mapa te indica en donde estás y cuánto te falta para llegar a tu destino, haz lo mismo durante tu parrillada. Ten un "menú" o más bien la lista o el plan (muy sencillo) de lo que vas a asar. Así sabrás qué hacer primero y no olvidarás nada. Además, recuerda que el comensal espera al asador y no al revés.

¿CARNE ASADA, CARNASADA, PARRILLADA O ASADO?

Mis amigos del norte de México siempre me preguntan por qué utilizo la palabra parrillada si se trata de una carne asada. Si bien es cierto, el 90% de lo que se asa en un asador es carne de res, el término carne asada o "carnasada" aplica perfectamente.

El Chef de Chefs, Ricardo Muñoz Zurita, en su *Diccionario Enciclopédico de Gastronomía mexicana* explica que la parrillada es un término restaurantero utilizado sobre todo en el D.F. en donde al centro de la mesa ponen una plancha caliente o un pequeño anafe con distintos cortes pasando por la gama de cortes magros a los más grasosos.

Asado es el término que utilizan en el cono sur cuando asan carne. Sin embargo, tanto en Argentina como en Uruguay se distingue el asado de la parrillada según la variedad de cortes de carne que se asan. Un asado lleva cortes de carnes "básicos" (tiras de asado o costillas, vacío, chorizo, e incluso entraña y morcilla); en cambio, la parrillada, además de éstos, incluye "achuras" (vísceras de la vaca y ubre vacuna) e incluso algunas verduras asadas (papas, elotes, pimientos morrones). Por esta razón es más común preparar el asado en casa y la parrillada se come en restaurantes.

Al final del día da igual cómo le digas, pues más allá de una técnica o asar carne de res, la razón número uno para organizar una carne asada, "carnasada", parrillada o asado es la reunión, la convivencia familiar y el compartir con los amigos.

Por cuestiones prácticas en todo el manual estaré utilizando el término parrillada.

LOS DIEZ MANDAMIENTOS DEL PARRILLERO

1) Organización

Imagínate que eres el director de una orquesta. Debes asegurarte de que todos los elementos necesarios estén presentes. Lo primero es definir la fecha e invitar a los comensales, acto seguido es preparar el menú, formar tu lista de ingredientes y comprarlos.

2) Ingredientes de calidad

Siempre utiliza los mejores ingredientes.

3) Evitarás la pereza

Aprende a encender el carbón correctamente. Nunca utilices sustancias químicas para prender tu carbón. Más adelante encontrarás varias técnicas que te facilitarán el proceso.

4) Tiempo

Dale tiempo a la parrilla primero, para que se caliente adecuadamente y logres dorar los cortes de carne y después, para que la cocción de los ingredientes sea la adecuada.

5) ¡Nunca más de una vuelta a la carne!

Los cortes de carne no son tortillas; darle una vuelta hace que la carne se seque.

6) El parrillero es el parrillero

Es responsable de colocar todo en el asador y darle el punto de cocción deseado. ¡El que quiera su carne más cocida que venga y la cuide él mismo!

7) Parrillero sólo uno

¡Sólo hay un parrillero por asador; los mirones son de palo!

8) Tener alternativas

Para los que no comen carne es bueno tener verduras, que además de ser económicas son deliciosas.

9) Bebida

Que nunca te falte una cerveza bien fría en la mano.

10) ¡A comer!

El parrillero es el que da la orden cuando la carne está lista.

POSIBLES ORÍGENES DE LAS PARRILLADAS

Existen algunos acontecimientos curiosos en la historia del asador, un instrumento que ha dado lugar a suculentos banquetes en todas las épocas, invitando a disfrutar de la carne. Sobre su origen hay diferentes teorías que a continuación enumero:

Carne tapada con tierra

La palabra *Barbecue* puede ser de origen maya, del *baalbak' kaab* que quiere decir "carne tapada con tierra". Al paso del tiempo se convirtió en *balbacoa* o *barbacoa*. Metían rocas muy calientes en agujeros, envolvían la carne en pencas de maguey y la separaban mediante una especie de rejas o parrillas de madera que colocaban en el fondo de una olla para recolectar los jugos (lo que hoy conocemos como consomé de barbacoa de borrego).

De los mayas, seguramente por el comercio en la zona, pasó a los taínos del Caribe, quienes al parecer ya no continuaron con el tedioso procedimiento original y se limitaron a asar la carne sobre la parrilla de madera.

Y llegó la cocción mediante el ahumando

Los taínos que llegaron a colonizar las islas del Caribe llamaban *barbacoa* o *barbacúa* a la carne asada sobre una especie de parrilla compuesta por leños verdes entrecruzados. Esta parrilla, sobre la cual se disponían las diversas carnes, solía tener su fogón bajo el nivel del suelo, en una fosa longitudinal que servía para concentrar el calor (y el humo) en las carnes que estaban sobre la parrilla. De este modo, las carnes asadas que no eran comidas en el momento inmediato a su cocción podían, mediante el ahumado, ser ingeridas más tarde.

El aroma que enloqueció a un barón

La parrilla fue desarrollada por un tal Phillipe Ledoux, herrero francés del Siglo XVII cuando, al colocar la cerca que rodeaba al elegante *chateau* del barón de Misere, erró en el cálculo. El poderoso barón se negó a pagarle el hierro sobrante porque se había equivocado. En venganza, el herrero utilizó aquel pedazo extra de reja como parrilla para hacer un asado frente al *chateau*. El delicioso e inconfundible aroma enloqueció al barón a tal punto que, entre llantos y lamentos, accedió a pagar los 2 ducados que adeudaba, por lo que obtuvo la reja-parrilla en pugna.

La aportación de los peones argentinos

Hacia fines del siglo XVIII, en los alrededores del Río de la Plata, Argentina, utilizaban rejillas de hierro forjado para tensar los cueros de animales mientras se secaban al sol. Se atribuye a los peones de esa época el uso de esta herramienta para asar las carnes que sobraban de los animales sacrificados.

La primera parrilla moderna

Con la Ley de Amnistía de 1832, en Colonia, Uruguay, miles de presos comunes y prisioneros políticos vieron nuevamente la luz, pero el festejo desembocó en escándalo cuando comenzaron a destruir la cárcel, símbolo de un tiempo pasado.

En pocas horas, una banda de cuatreros amnistiados se agenció algunos vacunos de vecinos de la zona, pero cierto pirómano convicto arrancó la puerta de su propia celda e improvisó la primera parrilla moderna cuyos resultados compartieron, liberados, policías y transeúntes.

De la barbe à la queue, la *barbecue* americana y la mexicanísima *barbacoa*

Barbacoa es una evolución fonética de la expresión francesa "*de la barbe á la queue*" utilizada en Canadá durante el siglo XVIII por los tramperos franceses cuando asaban una res sobre ascuas de una hoguera, atravesándola con una vara desde la barba hasta la cola. Al cruzar la frontera los estadounidenses lo pronunciaron *barbecue* y al cruzar a México se convirtió en barbacoa.

DINÁMICA DE UNA PARRILLADA

Arte de servir

Satisfacción   Convivencia

Unión   Asador   Sellan asados y amistades

Parrillero

Comida

Comensales

Incrementa y fortalece los lazos de unión

E l asador es la pieza fundamental en una parrillada por la sencilla razón de que es la única fuente de calor que le da de comer a todos tus invitados. El personaje más importante en la parrillada es el parrillero quien está al frente y en control del asador. La comida es el tercer elemento. Finalmente, los invitados.

Planear la parrillada o hacerla al momento

U na parrillada puede ser un evento planeado con anticipación u organizado en el momento, sobre todo, cuando amanece y uno ve que el clima es favorable para estar afuera. Independientemente de si se planea con antelación o no, los pasos a seguir son los mismos. Planear es lo mejor y hasta lo más divertido. Se necesita gran imaginación para organizar una parrillada de última hora y que ésta quede bien. En caso de que el día amanezca espléndido se requiere tener siempre a la mano los elementos básicos mínimos.

Fecha

¿ Qué día vas a tener la parrillada? ¿Viernes en la noche? ¿Sábado o domingo a la hora de la comida? Decide la fecha.

Lista de invitados e invitación

¿ A quiénes vas a invitar? Puede ser tu familia –esposa e hijos–, unos compadres o amigos. Las parrilladas son de las pocas actividades, si no es que la única, en donde el papá puede combinar una actividad con sus amigos y familia. Es importante recordar que un buen anfitrión es aquél que logra que sus invitados se sientan a gusto. Esto es, invitar a quienes tengan algo en común. Así, cuando llegue el segundo invitado se hace la presentación y ellos solitos se identifican. Las personas se encargan de socializar. Avísales con tiempo la fecha, hora y el lugar. ¿Estás seguro que saben llegar?

Menú

¿Qué quieres comer y qué piensas servir? Todo nace con un antojo. ¿Qué se te antoja comer? Una manera fácil y práctica que he encontrado es empezar por el plato fuerte.

Lista de ingredientes

Haz una lista de TODOS los ingredientes que aparecen en tu menú. Después, revisa la receta de lo que vayas a preparar y anota los ingredientes que te faltan. No te preocupes por las cantidades en este momento.

Ingredientes que tienes en casa

Una vez que termines tu lista, si la pasas a la computadora no acomodes los ingredientes por orden alfabético porque así no se encuentran en el supermercado. Es recomendable enlistarlos por conceptos: carne, verduras, latería, etcétera.

Antes de ir al supermercado revisa tu refrigerador y alacena y elimina de la lista los ingredientes que ya hay en tu casa. ¡Te sorprenderás de todo lo que tienes y desconoces! No gastes de más.

Decide qué vas a comprar en la carnicería, pollería o pescadería, en el supermercado o en algún mercado popular y qué es lo que vas a encargar por teléfono. Organízate para ir sólo un vez a comprar lo que necesitas.

¿Cómo calcular la cantidad de carne?

La mejor forma para calcular la cantidad de carne es sumar a los comensales (2 niños equivalen a 1 adulto) y dividir entre 4. El resultado es la cantidad de kilos de carne que necesitas comprar. Ahora bien, si lo único que se va a servir es proteína animal y los únicos invitados son hombres divide entre 2.

Si vas a servir pollo es más fácil pensar en piezas y no en su peso (por la cantidad de huesos). Un pollo tiene 2 alas, 1 pechuga,

2 piernas y 2 muslos. La pechuga se parte en dos y un pollo nos rinde 8 piezas.

Un pescado entero merma un 50%. Esto quiere decir que si pesa 2 kilos; 1 kilo aproximadamente no se come (cabeza, cola, espinazo, piel). Sigue la regla de la carne pero divide entre 2.

TIP:
Los adolescentes no son niños, comen que da gusto.

¿Cómo calcular la cantidad de verduras?

Dependiendo de la variedad de verduras que quieras servir, calcula qué cantidad comería cada persona y multiplica por la cantidad de comensales. Es mejor que sobre y no que falte; si te llegara a sobrar, en la noche o al día siguiente las puedes picar, agregarles queso o carne y preparar unos deliciosos tacos.

Carne	Pollo	Pescado (entero)
Divide el número de comensales entre 4 y te dará los kilos de carne que necesitas comprar 8 comensales = 2 kg carne	Un pollo partido tiene 8 piezas: 2 pechugas 2 alas 2 muslos 2 piernas - Considera que cada persona va a comer entre 2 y 3 piezas de pollo. - Multiplica el número de comensales por 2 o 3. - Divide el resultado entre las 8 piezas del pollo y te dará el número de pollos que tienes que comprar. Ejemplo: (8 x 2 = 16) 16 / 8 = 2 pollos	Un pescado entero merma el 50 por ciento de su peso (cabeza, cola, espinas, piel). Divide el número de comensales entre 2 y te dará el peso en kilos del pescado que debes comprar 8 / 2 = 4 kilos de pescado entero.

¿Cómo calcular la cantidad de carbón?

Considera utilizar por lo menos medio kilo de carbón por cada kilo de carne que vas a asar.

Mise en place

La planeación es básica para lograr que todo fluya durante tu parrillada y el *mis en place* es parte de esta planeación. El *mise en place* es un término francés y quiere decir "todo puesto en el lugar de trabajo". Significa tener todos los ingredientes, las herramientas y utensilios que vas a ocupar en el mismo lugar y a la mano. Así no perderás tiempo ni te estresarás corriendo de un lugar a otro buscando lo que necesitas.

☐ Asador
☐ Carbón
☐ Cerillos o encendedor
☐ Chimenea o brasero para encender el carbón
☐ Cepillo de alambre
☐ Pala de jardín
☐ Mesa de trabajo
☐ Guantes resistentes al calor
☐ Cuchillo
☐ Tabla para picar
☐ Pinzas de mango largo
☐ Platones
☐ Papel aluminio
☐ Mandil
☐ Comida
☐ Aceite
☐ Salero y pimentero
☐ Bote de basura
☐ Bolsa de basura
☐ Trapo o toallas desechables de cocina o toallas desinfectantes

Consejos

1 Si la parrilla de tu asador no es muy grande primero asa las verduras; a la mitad de su tiempo de cocción retíralas o colócalas en la parte fría de tu asador.

2 Después, asa la carne. Una vez que esté lista y haya reposado (normalmente reposa en lo que la retiras, la colocas en un platón y la envías a la mesa).

3 Regresa la verdura a la parrilla para que se termine de asar. Sirve de inmediato.

TIP: Si tienes suficiente espacio en tu parrilla coloca los ingredientes de la siguiente manera: todas las verduras de un lado, la carne del otro lado.

LOS 10 ERRORES MÁS COMUNES Y CÓMO EVITARLOS:

1 UBICACIÓN. Colocar el asador en un lugar peligroso. El carbón encendido llega a "tronar" arrojando chispas o brasas que pueden quemar pisos de madera o pasto seco. Ten cuidado de no poner tu asador en el paso de niños y mascotas.

2 ENCENDER TARDE. Encender el carbón en el momento de querer comer. Es necesario darle el tiempo suficiente.

3 QUEDARSE SIN CARBÓN. La carga mínima debe de ser de 3 kilogramos. Siempre ten a la mano una o dos bolsas para no salir corriendo a comprar más a la mera hora. Si tu asador es de gas asegúrate de tener un tanque lleno o considera la instalación de una conexión directa al tanque estacionario de la casa.

4 DEMASIADO COMBUSTIBLE. Es un error común utilizar demasiado carbón porque la comida se te puede quemar. Una vez que enciendas el carbón en tu asador, con una pala metálica coloca dos o tres capas de brasas en la mitad de tu asador y una sola capa en la otra mitad. De esta manera tendrás dos temperaturas en tu asador.

5 ASADOR Y PARRILLA SUCIOS. Si el asador es de carbón retira todas las cenizas de la parrillada anterior. Limpia la tapa para eliminar el hollín. Si el asador es de gas asegúrate de que no estén tapados los orificios de donde sale el combustible. Los residuos de comida en la parrilla se carbonizan y alteran el sabor de lo que vas a asar. El exceso de grasa de la última parrillada debe ser eliminado para evitar malos olores y posibles incendios.

6 MEDIR LOS TIEMPOS. No medir los tiempos de cocción correctamente. Encender el carbón se tarda aproximadamente 30 minutos. Un asador de gas se debe encender 10 minutos antes de empezar a asar. Considera los tiempos de las marinadas.

7 HIGIENE. No usar el sentido común en cuanto a la higiene. En una parrillada se deben utilizar los mismos conceptos que en una cocina: no dejar alimentos crudos expuestos al sol y evitar la contaminación cruzada utilizando platones diferentes para alimentos crudos y asados. La comida asada que no se va a consumir deberá ser refrigerada.

8 COCCIÓN. No calcular correctamente la cocción de los alimentos. Que un corte de res o una pechuga de pollo se vean perfectamente dorados por fuera no quiere decir que estén cocidos por dentro. La mejor manera de conocer el grado de cocción es utilizando un termómetro de comida. La manera práctica es retirar un corte de la parrilla, hacerle un pequeño corte y ver si está cocido o no.

9 BARNIZAR COMIDA CRUDA CON SALSAS. No coloques salsas BBQ antes de tiempo. Las salsas BBQ por lo general contienen miel de abeja o azúcares, los cuales expuestos a la intensidad del calor se queman y arruinan el pollo o las costillas. Una vez que la carne esté asada se barniza con la salsa BBQ.

10 CLIMA. No adaptarse al clima. Demasiado viento hace que se consuma más rápidamente el carbón. Si empieza a llover hay que tener un techo dónde proteger el asador para que no se apague. Tampoco se debe trabajar a pleno rayo de sol sin ninguna sombra.

11 ABANDONAR. Nunca abandones tu asador funcionando o encendido sin la vigilancia de una persona adulta y responsable.

DICHOS DE COMIDA Y AMISTAD

En una parrillada que organicé decidí poner encima de cada plato una frase de comida o amistad impresas en unas tarjetas, y no me equivoqué porque al final un invitado recolectó las frases. Estos son algunos ejemplos:

"El que bien bebe y parrilla, bien duerme y quien bien duerme, piensa bien; quien piensa bien, bien parrilla y quien trabaja bien, debe beber bien".
Anónimo

"A quien tenga hambre, dale primero de comer y después háblale de lo que sea; si empiezas por hablarle, sea de lo que sea, fracasarás, no lo dudes".
Jean Anouilh

"Los animales se alimentan, el hombre come; sólo el hombre de inteligencia sabe comer".
Anthelme Brillant-Savarin

"El placer de los banquetes debe medirse no por la abundancia de los manjares, sino por la reunión de los amigos y por su conversación".
Cicerón

"El mejor vino del Rhin es aquel al que no le ha entrado una sola gota del Rhin ni del Mosela".
Georg Ch. Lichtenberg

"Trabaja como si tuvieras que vivir siempre y come como si tuvieras que morirte mañana".
Proverbio árabe

"No hay amor más sincero que el que sentimos hacia la comida".
George Bernard Shaw

"Quédate es una hermosa palabra en el vocabulario de un amigo".
Anónimo

"Los lazos de la amistad son más estrechos que los de la sangre y la familia".
Giovanni Boccaccio

"Amistades que son ciertas nadie las puede turbar".
Miguel de Cervantes

"Si la amistad desapareciera de la vida, sería lo mismo que si se apagara el sol, porque nada mejor ni más deleitoso hemos recibido de los dioses inmortales".
Cicerón

"Los parientes nos los da el azar, pero elegimos a los amigos".
Jacques Delille

"Un hermano puede no ser un amigo, pero un amigo será siempre un hermano".
Benjamín Franklin

"El que tiene un verdadero amigo puede afirmar que posee dos almas".
Arturo Graf

"La amistad es una asociación formada entre las personas que se profesan mutuamente un cariño más particular que el resto de los hombres".
Barón de Holbach

"Dar, recibir, contar los secretos, preguntar, comer y convidar a comer, son seis señales de amistad".
Panchatantra

"El café debe ser caliente como el infierno, negro como el diablo, puro como un ángel y dulce como el amor".
Maurice de Talleyrand-Périgord

EQUIPO NECESARIO

Accesorios

En esencia, lo único que necesita el parrillero son unas pinzas de mango largo y una espátula. Hoy en día hay un gran número de accesorios específicos para el arte de cocinar al aire libre. La mayoría son juguetes para el asador. Algunos verdaderamente no sirven para nada. Y como dicen en los mercados populares "Hay de precios, joven". Los accesorios baratos no duran mucho y no valen la pena pues uno gasta dinero que termina en la basura y acumulando cosas que ocupan espacio.

Asador

Aunque parezca obvio, colocar el asador en primer lugar es importante porque me ha tocado ver asadores arrinconados en las casas y al destaparlos; ¡están llenos de macetas!

El asador es la pieza fundamental en una parrillada por la sencilla razón que es la única fuente de calor que da de comer a todos tus invitados. La magia que te da estar enfrente del asador es quizá la reminiscencia del pasado, el jugar con fuego, asar carne como en la época cavernícola.

También, la fascinación del hombre por el asador es el contacto con la herramienta que le da de comer.

¿Eres muy bueno armando cosas? Pregúntale al vendedor de la tienda si ofrecen el servicio de armar el asador. Es toda una aventura armarlo.

El más noble pero más "despreciado" asador es el brasero o anafe que, junto con la rejilla del horno de tu cocina se coloca encima del brasero como si fuera una parrilla, así logras crear un asador. Lo único que tienes que cuidar es que la comida no se queme pues la parrilla queda muy cerca de las brasas.

Bolsas de plástico

Ideales para marinar comida en refrigeración –en especial las resellables– y no ocupan tanto espacio como un recipiente de vidrio o plástico.

Bote de basura

Una bolsa de supermercado o una bolsa grande especial para basura o un bote de basura es importante para deshacerse de manera ordenada de lo que ya no nos sirve durante el evento. Es mil veces mejor colocar una bolsa grande dentro de un bote de basura porque así evitaremos ensuciar el bote y es más fácil retirar la basura.

Siempre hay algo qué tirar: la bolsa de carbón que no utilizamos para encender el fuego, las cenizas de la última parrillada, la lata de refresco, la botella de vidrio del agua mineralizada, la botella de vino, el corcho, el plástico de las salchichas, la bolsa del pan de las hamburguesas o de los panes para las salchichas, el alambrito de la bolsa del pan, empaques, colillas de cigarro (apagadas para no ocasionar un incendio), etc. Ni hablar de las sobras de comida que según las nuevas y correctas leyes de ecología y urbanidad se deben separar.

Botella rociadora de agua

Es importante poder apagar de inmediato cualquier conato de incendio, casi siempre provocado por la grasa caliente que se escurre sobre las brasas. También puedes destinar una botella rociadora cuando hagas costillitas de cerdo, un pavo o un *roast beef* para poder rociar la carne constantemente.

Brochas para barnizar

Una brocha de cocina nos sirve para untar con nuestra salsa preferida cualquier cosa que estemos asando. Para aprender a hacer tu propia y original brocha, te recomiendo que leas la receta al final de este libro.

Canastas o rejillas y raquetas

Exactamente, como su nombre lo dice, son canastas, rejillas o raquetas tejidas de metal diseñadas para colocar comida delicada o pequeña. ¿Te imaginas asar tomates cherry y voltear uno por uno? Una tarea prácticamente imposible de lograr. Para eso se inventaron las canastas con mango el cual se debe poder retirar para que ni estorbe ni se caliente en la parrilla.

Cenicero

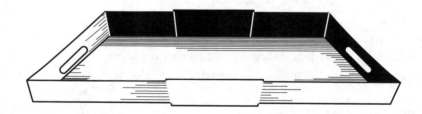

Recipiente que por lo general es del tamaño de la parrilla para recolectar las cenizas y que se coloca dentro de un asador de carbón.

Cepillo de alambre

Indispensable para limpiar la parrilla. Es importante que tenga un mango largo para alcanzar toda el área de la parrilla. Las fibras metálicas ayudan a retirar residuos de comida. Ahora bien, es importante asegurarse que no queden residuos metálicos sobre la parrilla ya que se pueden incrustar en la comida.

Chaira

Herramienta larga y cilíndrica que ayuda a afilar cuchillos. Es importante mantener una inclinación o ángulo del cuchillo para lograr afilarlo.

Charolas de aluminio

Estas charolas desechables en esencia son para recolectar grasa. Los mejores asadores de gas las tienen incluidas y cada determinado tiempo es importante desecharlas y colocar nuevas. Las medianas pueden utilizarse; sin embargo, son un poco endebles. Las más grandes te sirven para recolectar la grasa con calor indirecto.

Cuchillo

Indispensable para cortar y retirar la grasa de algunos cortes, así como partir porciones de carne. Los cuchillos sin filo son de lo más peligroso pues al no tener filo ejercemos mayor presión al cortar y entonces pueden producirse los accidentes.

Cilindro para encender carbón o brasero

Es un cilindro metálico con capacidad para colocar de 1 a 2 kilos de carbón o briquetas para encenderlas antes de colocarlas en el asador. Llena el cilindro con carbón o briquetas y en la parte de abajo una hoja de papel periódico arrugado hecho pelota. Aproximadamente en 20 minutos los carbones estarán listos para extenderlos uniformemente en el fondo de la parrilla sin necesidad de utilizar un encendedor líquido o hacer una pirámide perfecta. Sin embargo, la mejor manera de encender el carbón es utilizando un brasero o un anafe. Siempre utiliza tus guantes para no quemarte cuando levantes el cilindro y vacíes las brasas a tu asador.

Espátulas

De mango largo para evitar que te quemes. Son fundamentales para voltear hamburguesas o retirar pescado de la parrilla. Los pequeños agujeros sirven para que pase el vapor y no se humedezca la comida.

Guantes

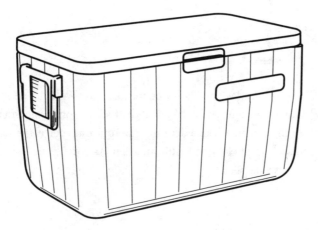

Ya sean de carnaza o de silicón, son ideales para evitar quemarnos cuando necesitamos utilizar las manos cerca de la fuente de calor. Son indispensables para mover o levantar cosas calientes. Entre más largos sean, mejor, ya que te protegerán los brazos. Quizá, después de las pinzas y la espátula, los guantes son básicos. Se venden en tiendas especializadas o se pueden usar unos diseñados para la construcción, disponibles en ferreterías.

Hielera

La hielera es el refrigerador del parrillero. Es importante mantener los alimentos crudos refrigerados. Obviamente, nuestro refrigerador será siempre la primera opción. Una hielera, además de refrigerar alimentos, se puede utilizar para descongelar el pavo navideño. Es mejor tener dos hieleras medianas que puedas cargar y no una grande, ya llena de cosas y hielos que resulte pesada y completamente impráctica.

Jeringas

Sí, jeringas para inyectar. Las jeringas en el mundo parrillero son gruesas, esto es bueno porque cargan más líquido, y las agujas también son gruesas. Sin embargo, puede llegar a romper el tejido. Si llegas a comprar una, pónle la aguja más gruesa que vendan en las farmacias. Así podrás inyectar sin romper el tejido. Desafortunadamente, en las farmacias no venden agujas sueltas, tendrás que comprarla con todo y jeringa. Si se llegara a tapar, lo único que tienes que hacer es desenroscarla, colocarla al revés y presionar la jeringa. La presión del líquido la destapará. Una vez que termines de usarla enjuágala con agua caliente.

Lámparas

Ideales para las parrilladas nocturnas, cuando la luz de la luna no es suficiente para ver. Las hay de todo tipo. No son recomendables las que se enganchan a la tapa del asador porque éstas con el tiempo se llegan a quemar. Compra las que se sujetan a la mesa o tienen un pedestal. Las hay eléctricas y de pilas.

Mandil

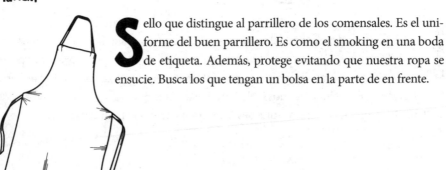

Sello que distingue al parrillero de los comensales. Es el uniforme del buen parrillero. Es como el smoking en una boda de etiqueta. Además, protege evitando que nuestra ropa se ensucie. Busca los que tengan un bolsa en la parte de en frente.

Mesa

Los grandes lujos de la vida son el espacio y la privacidad. En una parrillada el espacio no es un lujo. Es importante tener una mesa al lado del asador para acomodar los platones con la comida por asarse. De preferencia, que no sea la misma mesa para comer.

Pala de jardín

Nos ayuda a mover y acomodar las brasas en el asador sin quemarnos.

Papel aluminio

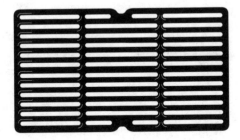

Nos sirve para proteger alimentos. Inclusive si forras platones con papel aluminio y colocas carne cruda; retira el papel aluminio y tendrás un platón limpio libre de bacterias.

Parrilla

Reja metálica o de hierro forjado en donde se coloca la comida para asar.

Parrilla para costillares

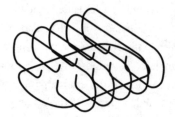

Ideal para resolver el problema de cómo asar varios costillares al mismo tiempo, pues los costillares se acomodan perpendicularmente a la parrilla. Algunos se pueden voltear para colocar un *Roast beef*. Esto es importante para tener dos accesorios en uno.

Piedra para afilar cuchillos

Son piedras lisas que al mojarlas se utilizan para afilar cuchillos.

Piedras de lava

Algunos asadores de gas tienen piedras volcánicas. Estas piedras se calientan, retienen y ayudan a distribuir el calor de una manera uniforme. Al ser porosas absorben la grasa que escure de la parrilla. Eventualmente, las tendrás que cambiar o lavar colocándolas en una olla con agua hirviendo y un poco de jabón.

Pinchos para brochetas

Agujas, alambres o brochetas. Son largas tiras ya sea de metal o de bambú de origen oriental para colocar pequeños trozos de carne y verduras para asar. El Chef Ricardo Muñoz Zurita en su *Diccionario Enciclopédico de la Gastronomía Mexicana* explica que el nombre de agujas lo tomamos de las agujas de tejer de nuestras abuelas, los alambres por herencia árabe (del mundo árabe llega a España y de España a México con la conquista) y las brochetas de influencia francesa; del francés *brochette*.

Las de metal se lavan después de utilizarse y las de bambú son desechables. Una técnica para evitar que se quemen rápidamente es dejar remojando las brochetas de bambú en agua antes de ensartar la comida. Si tienes prisa utiliza agua caliente; pues la madera absorbe rápidamente el agua caliente.

Los hay de todos tipos y tamaño: de metal y desechables de madera o bambú; éstos son los clásicos utilizados en oriente. Los tradicionales son los pinchos de metal en forma tubular, como si fuera un alambre grueso. Los que son planos sirven para que la comida no gire. Los que tienen doble punta sirven para comida jugosa que tiende a deshacerse. Para evitar que carne molida se deshaga y se caiga, utiliza abatelenguas de madera como utilizan los médicos cuando nos revisan la garganta.

Pinza para levantar parrillas

Son unas pinzas que tienen la punta chata y doblada y su única función es levantar la parrilla caliente.

Pinzas de mango largo

Quizá es la herramienta número uno. Son una extensión de nuestras manos para voltear comida que se está asando. Es el accesorio más importante. La única herramienta que no puede faltar. ¿Cómo voltear la comida sin ellas? Cuando las compres fíjate en dos aspectos: uno, que el mango sea lo más largo posible, por lo menos 35 centímetros de largo y dos, que sean las más livianas. Normalmente, éstas son de aluminio. Las que tienen mango de madera y las que vienen en los *kits* o maletas parrilleras, son demasiado pesadas. Después de un rato de estar parado frente a las brasas, el brazo se cansa y las acabas regalando al compadre que apenas empieza a hacer sus pininos parrilleros.

Platones

De cartón o cerámica utilizados para servir comida. Los platos y vasos desechables nunca estorban y siempre son útiles.

Salero y pimentero

¿Qué sería de la vida sin sal y pimienta? Aunque no es parte del "equipo", sí es fundamental siempre tenerlos a la mano. Por algo dicen que una persona es la sal y la pimienta de la vida.

tabla para picar

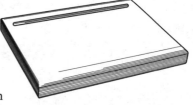

Indispensable para apoyarse, cortar, rebanar y retirar grasa. Las tablas originales eran de madera y las de ahora son de plástico y son más higiénicas. En las escuelas de gastronomía y restaurantes manejan tablas de distintos colores para evitar la contaminación cruzada:

TIP:
Para evitar que la tabla se mueva al estar cortando coloca un trapo extendido entre la mesa y la tabla.

tabla de color	Alimento
Amarilla	Pollo
Verde	Verduras
Azul	Pescados y mariscos
Roja	Carne
Color carne	Todo lo demás

Tenedores de mango largo

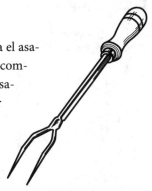

Todos los *kits* o estuches con varias herramientas para el asador lo incluyen. En realidad, no es recomendable comprarlos, y si ya los tienes, ni los lleves al área del asador. ¿Por qué? Erróneamente los utilizamos para voltear la carne, la cual perforamos y desjugamos. Las puntas pueden llegar a servir para levantar la comida que se está pegando a la parrilla; sin embargo es mejor utilizar una espátula.

Termómetro

Es fundamental para saber con exactitud la temperatura interna de la comida y evitar comerla cruda. Se introduce en el corazón de la carne. Si estás empezando, utiliza uno y observa la consistencia de la carne con la temperatura interna. Cuando lo uses asegúrate que no toque el hueso; porque esto hará que se altere la lectura y no sea precisa. Como la práctica hace al maestro, eventualmente podrás determinar la temperatura de un corte observando la textura. Toma en cuenta:

• Las temperaturas de los alimentos menores a los 5 ºC inhiben a las bacterias, es decir, frenan el desarrollo microbiano.

• Entre los 50 ºC y los 60 ºC las bacterias se activan y se multiplican.

• Entre los 65 ºC y los 100 ºC, se mueren.

• Hay que asegurarse que los alimentos sean sometidos a temperaturas superiores a los 65 ºC durante su cocción o calentamiento.

Tijeras de cocina

La manera más fácil de cortar. A veces quizá hasta más fácil que un cuchillo.

Toallas desechables de cocina o toallas desinfectantes

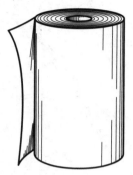

Es importante mantener el área de trabajo limpia. En el año 2009, cuando México enfrentó la pandemia de influenza, nos volvimos muy conscientes en relación a la limpieza y los buenos hábitos higiénicos. Las toallas desinfectantes matan hasta el 99% de los gérmenes mientras que un trapo de cocina tiene más bacterias que un escusado. ¡Bienvenidas sean las toallas desechables desinfectantes!

Wok parrillero

Son grandes sartenes con mangos largos, de preferencia que se puedan retirar y con pequeños agujeros que permiten que pase el aroma de las brasas. Ideal para asar una gran cantidad de comida (jitomates pequeños, verduras picadas, camarones, etc.) pues sería prácticamente imposible que estos ingredientes queden sueltos en la parrilla.

Zaranda – Zarandeador

Es un instrumento creado por dos rejas metálicas unidas por una pequeña bisagra. La original es hecha con madera verde y asemeja a una raqueta de tenis. La versión moderna es una reja metálica utilizada para voltear alimentos sobre la parrilla.

Con éstas se puede preparar el famoso pescado a la talla o, como su nombre lo indica, el pescado zarandeado; (de voltear). De venta en mercados populares y jarcerías. Las hay grandes y pequeñas. Es mejor comprar la grande. Ahora bien, éstas tienen un defecto. La pequeña bisagra, normalmente hecha de una tira de lata de cerveza enrollada para sujetar las dos rejas, hace que la presión de ambas rejas aplasten y rompan el pescado. Es mejor quitar esta bisagra.

HIGIENE

¿Qué es la contaminación cruzada?

La contaminación cruzada se da cuando los utensilios, tablas de picar, pinzas, cubiertos, platos o platones están en contacto con alimentos crudos, específicamente proteínas de origen animal (res, pollo, pescado, cerdo) y los volvemos a usar con alimentos ya asados.

Nunca lleves a la mesa alimentos asados en el mismo platón donde los colocaste crudos. Los alimentos crudos tienen bacterias que se mueren con el calor, pero las que hayan quedado en el platón contaminarán a los ya asados; tú y tus comensales podrían enfermar. La limpieza y desinfección de utensilios, superficies y equipo debe ser constante, así como lavarse las manos con frecuencia.

La seguridad con respecto a la comida es una prioridad importante. Por lo tanto, recuerda siempre estas sencillas reglas del Departamento de Agricultura de los Estados Unidos (USDA): Evita la contaminación cruzada utilizando diferentes tablas de picar, utensilios y platones para alimentos crudos o cocidos y refrigera los alimentos mientras se están marinando. Barnizar la comida que estás asando con la marinada en donde reposaron los alimentos de origen animal no es recomendable porque la marinada contiene bacterias.

El clima cálido invita no sólo a la personas a hacer parrilladas, sino a las bacterias también. El calor multiplica las bacterias, lo que puede causar intoxicación alimenticia. Por eso es importante seguir las siguientes reglas de higiene:

• Lávate las manos antes, durante y después de preparar comida.

• Limpia muy bien tu parrilla antes de usarla.

• Mantén carnes crudas, pollo o mariscos separados de comidas listas para comer; así como los cubiertos y herramientas (cuchillos, pinzas, etc.)

• Siempre marina en frío, nunca a temperatura ambiente. La contaminación cruzada puede ocurrir cuando una marinada es utilizada con carne cruda, pollo o pescado y luego reutilizada en alimentos ya asados.

• Utilizar un termómetro es la única manera segura para determinar el nivel de cocción.

• Para prevenir el desarrollo de bacterias no dejes comida a la intemperie en climas cálidos (32° C)

• Tira a la basura la comida perecedera que ha estado sin refrigeración por más de una hora.

El hecho de que tu parrillada sea un evento informal al aire libre no quiere decir que debas omitir las reglas de higiene; al contrario, es cuando debes tener más cuidado ya que estás al aire libre y hay calor. Es importante no poner en riesgo tu salud, la de tu familia ni la de tus invitados. Sigue las siguientes reglas que, además de verte como todo un profesional, evitarás que se enfermen tus invitados.

Mis consejos:

• Coloca un poco de jabón líquido en la punta de los dedos y espera hasta que se seque antes de manejar el carbón. Así cualquier polvo se pegará al jabón y éste se eliminará rápidamente al lavarte las manos.

• Lávate las manos después de manejar el carbón y antes de trabajar con los alimentos.

• Si no tienes agua corriente, utiliza toallas desechables desinfectantes que eliminan las bacterias rápidamente.

• Con el fin de ahorrar espacio puedes forrar con papel aluminio los platones para colocar la carne cruda y una vez asada, retira y desecha el papel aluminio y tendrás un platón limpio para poner el alimento asado.

El correcto manejo de los alimentos

Los alimentos están expuestos a la acción contaminante de innumerables bacterias, algunas de ellas inofensivas, otras capaces de ocasionar hasta la muerte. Su correcta manipulación es fundamental para evitar el contagio de enfermedades. Sin embargo, a diario se cometen errores. Detectarlos y corregirlos es sólo cuestión de buenos hábitos. Desde el momento de su producción hasta el de su consumo, los alimentos están expuestos a la contaminación, sea por agentes naturales o debido a la manipulación humana.

Los agentes naturales son bacterias, hongos, levaduras o sus toxinas y pueden desarrollarse tanto en alimentos frescos como procesados, causando enfermedades en quienes ingieren esos productos. La contaminación química, asociada al desarrollo tecnológico, también puede generar problemas. Afortunadamente, con las precauciones adecuadas en las distintas etapas, además de la higiene y manipulación cuidadosa de los alimentos y utensilios, es posible prevenir en gran medida consecuencias indeseables para nuestra salud.

El organismo sano tiene una gran cantidad de defensas. El estómago es el gran filtro donde el ácido clorhídrico mata un gran número de bacterias que se ingieren a través de los alimentos. Sin embargo, las que pasan esta barrera pueden ocasionar estragos tales como botulismo, salmonela, hepatitis, tuberculosis y otros.

Una parrillada sana

C uando la proteína de cualquier origen –bovino, carnero, pollo, cerdo o pescado– es expuesta a altas temperaturas durante un largo tiempo y se queman, se forma un químico denominado aminas heterocíclicas (HAA, en ocasiones, también abreviadas como HCA, por las siglas en inglés). Esto puede ocurrir dentro de la casa en una estufa, horno y también, afuera en un asador. Es importante no consumir carne quemada o chamuscada.

Un accidente adicional ocurre cuando la grasa escurre a las brasas y se crean flamas o llamaradas y se produce una capa que cubre la comida con hidrocarbonos aromatizados policíclicos (HAP o PAH, por sus siglas en inglés). Una exposición prolongada de PAHs ha sido ligada a algunos cánceres, pero la evidencia es menos clara que con HAAs.

No hay estudios que lo confirmen al 100%; sin embargo, la calidad de la carne es mejor si evitas quemarla siguiendo estos consejos:

• No permitas que la grasa escurra sobre las brasas.
• Elimina la grasa exterior en la carne.
• No asar sobre una flama.
• Escurre la comida de las marinadas para no causar llamaradas.
• Mantén una botella rociadora para apagar flamas.
• Utiliza un termómetro para determinar el punto de cocción correcto.
• Mueve la comida para evitar que se queme.

Higiene al preparar los alimentos

• Lávate las manos antes de preparar los alimentos.
• Lava muy bien los recipientes, tablas de picar, mesas y utensilios que se usen al preparar alimentos crudos, antes de volver a emplearlos en alimentos listos para comer.
• Utiliza agua potable para el lavado de los alimentos.
• Lavar la tarja de la cocina y todo aquello que haya estado en contacto con carne cruda.
• No uses los mismos utensilios (tablas, cuchillos, tenedores, etc.) para los alimentos crudos y los cocinados.
• Descongela los alimentos congelados dentro del refrigerador y no sobre la mesa de la parrilla o asador. Si vas a marinar carnes, colócalas en el refrigerador después de condimentar.
• Lava frecuentemente los trapos de la cocina con agua caliente. Si se puede, usa toallas de papel para limpiar los jugos de las carnes y aves. No uses esponjas.

Higiene personal al cocinar

• Cabe recordar que antes de manipular los alimentos se debe, por higiene, lavar las manos.

• Debemos cubrir el cabello con una cofia, gorra o sombrero y hacer uso del cubre bocas.

Mantenimiento y limpieza

Con la llegada de la primavera, los asadores acumulan el polvo. En cualquier versión, ya sea campestre o urbana, de carbón o gas, estacionaria o portátil serán el centro de gran número de encuentros sociales. Paso a paso: todo lo que hay que saber, tener en cuenta y hacer para mantenerlas en perfectas condiciones se menciona a continuación.

Cuidados y limpieza de tu asador

Hay quienes creen que no limpiar una parrilla le da un buen sabor a los alimentos asados. No hay nada más lejos de la verdad. Si no limpias tu parrilla tendrás el desagradable olor y sabor rancio de la grasa de la última parrillada. Además, lo que se quedó pegado en la parrilla empezará a quemarse y dará un mal sabor a tus alimentos.

Para limpiar tu parrilla sigue los siguientes pasos: mientras está fría, tállala con un cepillo de alambre para eliminar los residuos de alimentos. Si no tienes un cepillo de alambre, haz una pelota con papel aluminio y frótala sobre y debajo de la parrilla. Mientras se va calentando con el carbón, frótala con la mitad de una cebolla. Verás que, como por arte de magia, queda limpia.

Hay quienes recomiendan aceitar la parrilla para que no se pegue la comida. Tratar de aceitarla caliente es un tanto peligroso, además de que el aceite se quema instantáneamente. La mejor manera es rociar la comida con aceite en aerosol antes de colocarla sobre la parrilla.

El mejor momento para limpiar la parrilla es justo cuando terminas de parrillar y ésta sigue caliente o tibia. O bien, mientras estás encendiendo el carbón aprovecha que apenas se está calentando para cepillarla con un cepillo de alambre.

COMBUSTIBLES

Carbón

E s un combustible sólido derivado de la descomposición lenta de la madera. Se produce eliminando (quemando) el aceite natural de distintos tipos de madera como el ébano, el encino y el mezquite. El carbón de origen vegetal impregna lo que se está asando con un perfume único.

En los supermercados venden carbón chico en bolsas de papel grueso (la razón por la cual lo venden en este tipo de empaque es porque la bolsa llega a absorber la humedad y así evita que el carbón se humedezca). Las bolsas de color café varían entre los 2 y medio y los 4 kilogramos. Es la mejor manera de conseguirlo, sin embargo no es el mejor carbón. La razón es muy sencilla: por lo general son trozos muy pequeños y con frecuencia hay mucho polvo, el cual no sirve de nada.

El mejor carbón es el que venden en las carbonerías. Es recomendable buscar en las carreteras que salen de las ciudades o en algunas colonias en donde todavía sobrevive el oficio de carbonero. Afuera de algunos supermercados a veces hay vendedores independientes. Algunos tienen carbón grande que, regularmente sólo se encuentra en las carbonerías.

El carbón tiene un ciclo: empieza con poco calor, sube intensamente e incluso saca flamas y luego se estabiliza. Finalmente inicia el declive en su temperatura. Lo ideal es mezclar de los dos tipos: primero, encender los trozos pequeños y que éstos enciendan los grandes.

Briquetas

L as briquetas son carbón artificial. Fueron inventadas en la fábrica de coches de Henry Ford al convertir los desperdicios industriales de madera en un combustible para las diversas industrias. Son polvo de carbón con aglomerados comprimidos hasta lograr trozos o briquetas del mismo tamaño. Requieren un poco más de trabajo para encender que el carbón natural; no alcanzan una temperatura tan elevada como el carbón y duran más tiempo encendidas. Normalmente se venden en clubes de precio y la marca más famosa es la de Kingsford. Hay tres países en el mundo que principalmente utilizan briquetas: Estados Unidos, Australia y Sudáfrica.

Un poco de historia...

E n 1903 Henry Ford (1863 –1947), a sus 40 años de edad fundó la Ford Motor Company. Al paso del tiempo, cuando se vio rodeado de desperdicios de madera en su fábrica, en lugar de tirarlos, hizo, junto con su cuñado, lo que hoy se conoce en los Estados Unidos como las briquetas de carbón. El objetivo era proveer a las demás industrias crecientes de un combustible de larga duración para sus hornos. Por esa razón está incluido su nombre en la marca comercial de Kingsford en las briquetas que inventaron. Lo que Henry Ford y su cuñado nunca se imaginaron es que serían pilares en las parrilladas de Estados Unidos. Las briquetas se empezaron a vender en las agencias de coches Ford y se utilizaban en los asadores Weber que se pusieron de moda por esos años. Las briquetas se queman lentamente y son ideales para cuando se utiliza calor indirecto y el carbón cuando se requiere de un calor intenso.

Leña

S e puede utilizar leña en una parrillada; sin embargo, el parrillero tiene que esperar a que la flama baje y que la madera se convierta en brasas. La leña es muy apreciada por la cofradía de la paella, porque tener una flama alta en la paella es importante, pero como en todo, cualquier exceso quema la comida.

Gas LP

F uente de calor en los modernos asadores de gas. Es el mismo gas utilizado en las cocinas en los hogares.

¿Gas o carbón?

Ventajas y desventajas de un asador de carbón y uno de gas:

	Gas	Carbón
Encendido	Inmediato	Tardado
Sabor	Nulo	El carbón impregna la comida con su aroma dándole el inigualable sabor a las carnes asadas al carbón.
Comodidad	Muy cómodo. Con sólo girar una perilla y apretar un botón se provoca una chispa; estará listo para asar entre 10 y 15 minutos.	No es tan cómodo pues su proceso es más lento.
Limpieza	Sin residuos porque el gas los quema.	Es necesario retirar las cenizas del carbón para evitar la corrosión del asador.

Cuando se aprende a conducir siempre es mejor hacerlo en un vehículo estándar. Una vez que se domina el manejo estándar fácilmente se puede manejar un automático. Indistintamente es posible conducir uno o el otro. Sucede lo mismo con los asadores. Los de carbón son como los automóviles estándar y los de gas son como los vehículos automáticos.

Características del uso de briquetas, carbón o gas

	Briquetas	Carbón	Gas
Encendido	Más tardado que el carbón.	De lento encendido, pero el verdadero reto de un parrillero es dominar el arte de controlar el fuego.	Instantáneo. Fácil de encender. Normalmente está listo para usarse en 10 minutos después de encendido.
Intensidad del calor	Medio	Intenso - fuerte	Medio a fuerte. El calor tiende a escapar cuando se levanta la tapa.
Sabor	Imparte sabor, pero no tanto como el carbón vegetal.	Sabor único, característico e inconfundible con el que se perfuma la carne. El sabor de una carne a las brasas no tiene comparación.	Inexistente.
Residuos	Polvo y cenizas. Como las del carbón, éstas se deben eliminar.	Cenizas. Éstas pueden llegar a ser corrosivas y dañar nuestro asador si se dejan mucho tiempo.	Ninguno, excepto la grasa de los alimentos que es normal en cualquier asador. Regularmente estos asadores tienen un recipiente de aluminio.
Limpieza	Tardado	Tardado	Fácil
Opiniones	Es parte del ritual encender el carbón o las briquetas y mantener el calor. La práctica hace al maestro. Cuesta al principio, pero es como no saber manejar un vehículo de velocidades. Con tiempo y paciencia se domina la técnica.		Hay quienes piensan que es como sacar la cocina al jardín.

Astillas y trozos de madera

Si se quiere un sabor a madera, se recomienda colocarlas secas encima de las brasas para que se quemen. Si se quiere generar humo, se recomienda humedecerlas primero.

ENCENDER EL CARBÓN

Elementos indispensables

Si entendemos los tres elementos para tener fuego, la tarea de encender el carbón es más fácil.

Para tener fuego se necesita:

1) Combustible

2) Oxígeno

3) Fuente de calor

Se construye una pirámide con el carbón y se prende en la parte de abajo. Evita utilizar petróleo o gasolinas, pues además de ser peligroso, impregnarán un sabor desagradable a los alimentos que se vayan a asar. Si es de día, se notará que el carbón está listo cuando se vea una capa grisácea y, si es de noche, cuando se vea un rojo brillante.

¿Cómo encender el carbón?

Uno de los mayores problemas y quizás el más importante al que se enfrenta el parrillero cuando va a hacer una parrillada es encender el carbón. La gran mayoría empieza a hacerlo en el momento que quiere comer y esto no es posible. Después viene el factor del estrés por querer encenderlo a última hora. Además, no le dan el tiempo suficiente al carbón para que esté listo. Muchas personas no entienden el concepto de una fuente de calor constante.

Tip:
Como regla general, se debe encender el carbón una hora antes de que se tenga planeado comer. Esto dará tiempo para que el carbón alcance la temperatura ideal y se pueda empezar a asar la carne.

¿Cuánto carbón se necesita para una parrillada?

3 kilos de carbón son más que suficientes en una parrillada para 4 a 6 personas. Es importante siempre tener de más aunque no se utilice; no se puede correr el riesgo de quedarse sin carbón ya que es la fuente de calor para poder asar. Además, el carbón es económico, lo que permite tener varias bolsas.

El parrillero se tiene que asegurar que el carbón a utilizar esté seco (no húmedo ni mojado) y de tener suficiente. Si descubre que sí lo está y hay tiempo suficiente, la mejor manera de tratar de rescatarlo es sacándolo de la bolsa y colocarlo en la parrilla para que le dé el sol y el aire. Esta técnica ayuda a que se seque.

Es importante no encender carbón o briquetas en un lugar cerrado porque su combustión produce monóxido de carbono que no tiene olor y puede causar la muerte.

Distintas maneras para encender el carbón

E s importante tratar de formar una pirámide con el carbón y prenderlo en la base con cualquiera de las técnicas aquí descritas. De esa manera estamos aprovechando la naturaleza a nuestro favor. El calor tiende a subir. Entonces, al formar una pirámide, ayudamos a que nuestro carbón se encienda más rápidamente.

A continuación las distintas maneras de generar una fuente de calor constante la cual vamos a colocar en la base de la piramide de carbón para encenderlo.

» Pelota

1 Corta 5 toallas desechables; separa y desprende cada una de ellas. Con la primera forma una pelota y envuélvela con una segunda toalla y así sucesivamente con otras tres hasta formar una pelota compacta de unos 8 a 10 centímetros.

2 Inserta un cuchillo en la pelota y girándolo haz una perforación sin llegar hasta el otro extremo. Extiende la sexta y última toalla, coloca la pelota encima y vacía aceite por la perforación hasta que quede empapada. Envuelve la pelota levantando las 4 puntas de la toalla extendida, júntalas y tuércelas para hacer una mecha. Mójala con aceite también.

3 Retira la parrilla de tu asador y coloca la pelota en donde está el carbón y enciende la mecha. Alrededor de la pelota encendida coloca pedazos grandes de carbón y ve formando una pirámide de unos 20 cms. de altura aproximadamente, cuidando que no se apague la mecha. Abre todas las ventilas de tu asador para que circule el aire y si tiene tapa, déjalo destapado. Una vez encendida la pirámide de carbón esparce las brasas con una pala dejando un espacio libre para tener un área "fría".

» Bolsa de papel

Abre la bolsa de carbón y vacía el carbón en un anafe o brasero. Arruga y enrolla la bolsa de papel. Empápala con aceite comestible. Colócala en la parte de abajo del anafe o brasero. Con un cerillo o encendedor prende la bolsa. El fuego de la bolsa prenderá el carbón.

» Cartón de huevo

Cuando compren huevo en tu casa busca los que tengan el empaque de cartón y no los de plástico. La base donde se sienta el huevo es como una pirámide invertida. Con un cuchillo de sierra corta y separa los conos. Vierte aceite de cocina en el hueco del cono y colócalo en la base de la pirámide de carbón. Enciende el cono con un cerillo y verás cómo éste prende el carbón.

» Cartón

El cartón empapado en aceite de cocina es ideal para colocar en la base de la pirámide de carbón. Cuando pidan en tu casa pizza a domicilio no tires la caja. Este cartón es muy bueno por su porosidad. Corta una tira de cartón de unos 5 centímetros de ancho y enrolla apretando con las manos. Puedes colocar este rollo dentro de una lata para evitar que se abra el cartón. Vacía aceite de cocina hasta empapar el cartón y colócalo en la base de la pirámide de carbón. Enciende.

TIP:
Las cajas de zapatos no son muy recomendables porque es un cartón comprimido y no absorbe tan rápidamente el aceite.

» Azúcar

Abre y extiende una servilleta de papel sobre un plato. Coloca varias cucharadas de azúcar en el centro. Vacía suficiente aceite sobre el azúcar hasta que quede empapado. Levanta las puntas de la servilleta y júntalas. Éstas las vas a "torcer" como para formar una mecha. Puedes preparar varias servilletas y colocarlas en la base de la pirámide de carbón. Enciende la "mecha" y espera hasta que se encienda el carbón.

» Sal

Es el mismo procedimiento que el anterior, sin embargo, el azúcar funciona mejor porque se derrite con el calor. Aunque las dos técnicas, la sal y el azúcar, son muy buenas porque ambos ingredientes sirven para absorber el aceite.

» Alcohol sólido

Las latas de alcohol (sólido o en gel) se inventaron para mantener caliente la comida en los bufés. Para este efecto son ideales. Sin embargo, son sumamente peligrosas porque si se tapan mientras siguen encendidas, explotan y derraman su contenido encendido que puede llegar a quemar la cara, manos, brazos e incendiar la ropa. Se venden en los autoservicios junto al carbón o en las tiendas de clubes de precios en cartones de 24 unidades. Se debe destapar la lata de alcohol y encajar una pequeña rama de madera como si fuera la vela de un barco. Coloca la lata en el centro y construye una pirámide con carbón alrededor. Enciende. Al final de la parrillada se elimina la lata vacía.

» Alcohol (gel) en tubo

El alcohol en tubo es una opción buena y limpia. Se coloca un poco del gel en distintos puntos del carbón como si fuera pasta de dientes y se enciende.

» Ocote

De venta en los supermercados en pequeñas bolsas. También en los mercados populares. En calles y mercados de pueblos como Valle de Bravo venden los "atados" de ocote para encender las chimeneas. Aquí el único problema es la cantidad de humo que genera esta madera, pero es muy efectiva por la cantidad de resina que contiene. Inclusive, aunque se humedezca, enciende. Después de armar tu pirámide de carbón coloca varios trozos de ocote en la parte de abajo y préndelos; éstos encenderán el carbón.

» Botella de vino

oma una hoja de papel periódico y ábrela. Dóblala varias veces hasta lograr una tira larga midiendo entre 5 y 7 centímetros de ancho. Con esta tira forra la base de una botella de vino. Es importante no apretar mucho el papel periódico porque al terminar de enrollar la base con el periódico vas a retirar la botella. Normalmente puedes utilizar la botella que te vas a beber en tu parrillada. Coloca la botella con el periódico en el lugar en donde vas a encender el carbón. Retira la botella para que te quedes con un cilindro de papel. Adentro del cilindro coloca hojas secas y palitos de madera que hayas recolectado del jardín o campo en donde vas a tener tu parrillada. Coloca los palitos dentro del cilindro como si fuera un tipi (que es una tienda de forma cónica que utilizaban como vivienda los indios de las praderas de América del Norte). Alrededor de este cilindro construye una pirámide de carbón. Una vez que hayas terminado de colocar el carbón enciende el papel periódico.

» Resistencia eléctrica

ormalmente se necesita una extensión y una conexión eléctrica. Una vez que tengas la resistencia conectada colócala en el asador y encima coloca el carbón que vayas a utilizar. Enciende la resistencia y verás cómo ésta prende el carbón. Hay que tener cuidado de no dejarla mucho tiempo conectada porque se puede llegar a quemar la resistencia y acabará en la basura. Cuando veas que el carbón ya encendió apaga la resistencia y retírala del asador. Es importante esperarte a que esté totalmente fría para guardarla.

» Pirámide

Una empresa de Monterrey, Nuevo León vende unos pedazos de cartón (parecidos al cartón que se usa para colocar los huevos); éstos se arman y quedan en forma de pirámide. Tienen una mecha con cera. Se construye una pirámide de carbón alrededor de la pirámide de cartón y se enciende la mecha.

» Líquidos

Existen en el mercado líquidos especiales para encender el carbón y en especial las briquetas. No se recomienda utilizar ningún tipo de material líquido flamable porque además de peligroso puede dejar residuos amargos, por no decir raros, en el carbón y, como consecuencia, en la comida. Por supuesto que las gasolinas y el diésel están completamente descartados. Además de ser altamente peligrosos por no decir explosivos. Lo mejor es aprender el arte de encender el carbón.

¿Por qué utilizar el aceite en varias de nuestras formas? Porque el aceite quema lentamente y, a diferencia de la gasolina, no explota.

En los hogares mexicanos se recicla el aceite. Debajo de todas las estufas siempre en algún rincón hay un recipiente encima de un pequeño plato lleno de aceite usado. Puedes utilizar perfectamente este aceite.

Iniciador de fuego líquido

A los parrilleros expertos no les agrada. Éste fue inventado para impregnar briquetas de carbón. Si no se termina de quemar deja un olor a petróleo en el ambiente y lo peor es que llegue a impregnar la comida con un sabor desagradable.

¿En dónde se enciende el carbón?

• Directamente en el asador levantando la parrilla.
• En un cilindro especial para colocar carbón. Ver ilustración de cilindro para encender carbón, pág. 30.
• En un anafe.
• En un brasero.
• Lo ideal es en un brasero, porque tiene un sistema de chimenea que jala el aire por la boca ancha y la apertura que tiene en un costado. Una vez encendido el carbón se pasa con una pala para jardín al asador.

Sopladores

Manuales

- Los tradicionales son los de palma. Es muy importante siempre mojar el soplador antes de usarse para que con el movimiento no se rompa.
- Los cilindros para inflar las llantas y flotadores que los niños usan en las albercas.
- Un plato de plástico. Las quesadilleras utilizan el clásico plato de plástico como abanico.

Fijos

- Ventiladores. Además de mantener fresco al parrillero ayudan a soplar sin ningún esfuerzo. Es importante tener cuidado. Lo que sirve para encender o avivar el fuego también puede acercar o empujar el calor y no asar la carne.

Automáticos

- Secadora de pelo. Se necesita una extensión y un enchufe.
- Infla-colchones. Son unas cajas plásticas que utilizan baterías para inflar colchones. Se venden en la sección de campismo de las tiendas departamentales o en las tiendas de campismo.

Los improvisados

- Un cartón (puede ser la tapa de una caja de pizza, la tapa de una caja de zapatos, etc.)
- De plano soplar. Para lo que se requiere una técnica como en todo en la vida: respirar profundo, acercar la cara lo más posible sin intoxicarse ni llenarse de tizne, y soplar lentamente la mayor cantidad de aire hasta que poco a poco encienda.

¿Cómo y cuándo agregar más carbón?

Si se está acabando el carbón, ya sea porque lo encendimos con anticipación y lo hicimos muy bien y no batallamos, o las personas tardaron en llegar; es importante volver a colocar más. OJO: no vayas a cometer el error de echar el carbón sin encender porque va a tardar tiempo en prender. Lo ideal es tener más carbón encendido en un brasero o anafe aparte y, poco a poco, con la ayuda de unos guantes de carnaza y una pala colocarlo en el asador. Otra sugerencia práctica es empujar las brasas a un lado o de plano retirarlas y colocarlas después sobre una cama de carbón. Con la ayuda de un soplador en un momento se tendrán más brasas listas. Los argentinos tienen un tipo de revistero hecho de varillas en donde van cayendo las brasas y con una pala las van acomodando.

Chimenea para encender el carbón

Es el iniciador de carbón o briquetas ideal para el parrillero práctico. Se llena el recipiente con carbón o briquetas y en la parte de abajo se coloca una hoja de periódico hecho pelota; se coloca en una superficie que no se pueda quemar y se enciende. Hay que esperar unos 20 minutos. Tendrá brasas. Es recomendable ponerse guantes resistentes al calor y vaciar las brasas en el asador.

Iniciadores de parafina

Parecen unos pequeños cubos de hielo. Se colocan debajo de una pirámide de carbón y se encienden.

¿Suficiente carbón?

Es importante tener la seguridad que se tiene suficiente gas o carbón antes de empezar.

Haz tus propios mecheros

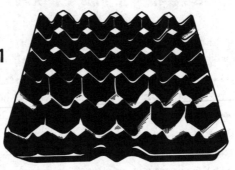

1

Consigue una caja de cartón de huevos vacía (no uses los de plástico).

2

Consigue un poco de parafina o varias velas blancas.

3

Consigue un poco de aserrín; éste se obtiene fácilmente en cualquier negocio de ebanistería (querrás tener aserrín de "madera real" y no de madera contraparchada o laminada).

4

Derrite la cera en una lata grande y agrega el aserrín. Revuelve. Llena los huecos de huevo vacíos con la mezcla del aserrín con la cera antes de que se enfríe.

5

Espera hasta que la cera se haya enfriado (aproximadamente 5 - 10 minutos). Separa los huecos cortándolos y dejándolos individuales, luego toma 1 o 2 y enciéndelos por el lado del aserrín.

TIP:
Si se llega a enfriar vuelve a calentarla para que se derrita la cera.

6

Puede tardar unos segundos en encenderse, pero una vez que lo hace se quemará fácilmente. Cuando está encendido, colócalo debajo de tu pirámide de carbón y pronto encenderá.

TIP:
Utiliza estopa nueva para crear tus propios mecheros.

Consejos

- Usa astillas secas.
- Cortar los conos del cartón de huevo después de llenarlos con la mezcla de aserrín y cera.
- Entre más grueso sea el aserrín, será mejor.
- Las hilachas de tela o estopa también funcionan bien para este propósito y es una buena manera de reciclar.

Temperatura correcta si tu asador es de gas

Enciende las perillas 10 a 15 minutos antes de querer asar con la tapa abajo. Hay que darle suficiente tiempo al asador para calentarse.

¿Cómo sé si ya está la temperatura correcta para asar?

El calor debe asar/cocinar, mas no quemar. La temperatura del carbón tiene un ciclo:

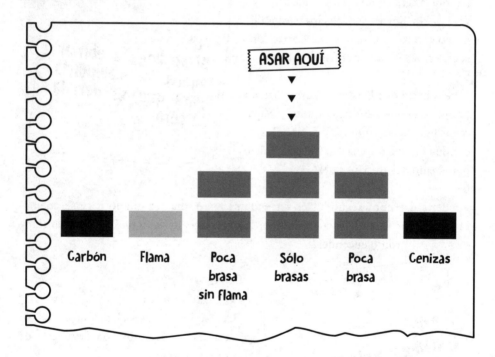

Coloca tu mano arriba de la parrilla (a una distancia prudente para no quemarte) a unos 5 centímetros de distancia

Si resistes:

2 a **4** segundos	☹ Está muy caliente
5 segundos	👌 😊 Temperatura perfecta
6 a **7** segundos	😐 Muy fría y no logras dorar / sellar la carne

TEMPERATURAS

L a temperatura o hechura de la carne es una descripción poco precisa de la temperatura que tiene la carne al ser servida. Se fundamenta en el cambio de color de la misma durante su cocción; la temperatura es la que tiene tanto su jugo como la parte interior.

Las graduaciones se suelen aplicar en la mayoría de las ocasiones para la carne de res (especialmente en la elaboración de los cortes finos), pero es igualmente aplicable a cualquier otro tipo de carne como el cordero, cerdo, aves, venado, y a veces incluso, el pescado y los mariscos.

Término de la Carne	Descripción	Rangos de Temperatura
Rojo, inglés o Pittsburgh	No cocinado del todo; el interior rojo y sangriento	52 – 55 ºC
Medio rojo	En el interior rojo y caliente; el exterior rosa	55 – 60 ºC
Medio o al punto	Rojo en su interior; la zona exterior rosada	60 – 65 ºC
Tres cuartos	En su mayoría marrón con algunos toques rosados	65 – 77 ºC
Bien cocido	Color marrón sin zonas rosadas	> 77 ºC

En la carne, a medida que se va asando, el color va cambiando desde el rojo al rosado, del rosado al marrón y finalmente del marrón al negro (en el caso de que se queme). De la misma forma, durante la cocción, la cantidad de jugos va decreciendo y la carne se va secando, dando un aspecto menos jugoso. Los cortes "muy hechos" suelen ser más secos debido a la ausencia de jugos, que aquéllos que se elaboran "en su punto".

Se debe tener en cuenta que el interior de un corte que se está cocinando sigue incrementando su temperatura cerca de 3 a 5 °C después de ser retirado de la parrilla o sartén y esto deja lugar a que se deje "descansar" unos instantes antes de ser servida; de esta forma la temperatura se estabiliza a lo largo de toda la pieza. Esto se debe a que cuando se está cocinando, la parte exterior recibe el calor mientras que la parte interior se mantiene relativamente fría; tras ser retirada de la fuente de calor (parrilla, horno, sartén, etc.) la situación se invierte y se calienta la parte interior mientras que la exterior se enfría.

La carne cruda, término medio rojo, medio, tres cuartos y bien cocida tienen diferentes texturas al presionarlas con el dedo. A continuación detallo una manera sencilla de saber el término de la carne sin tener un termómetro. Haz los siguientes ejercicios:

» Para carne cruda o rojo inglés

Abre la mano izquierda y estira los dedos. Con el dedo índice de la mano derecha presiona la base del dedo pulgar de la mano izquierda. Ahora presiona con el índice un corte fino crudo. Ambos tienen la misma consistencia, se siente suave y esponjosa.

» Para término medio rojo

Abre la mano izquierda y une el dedo índice y el pulgar. Con el dedo índice de la mano derecha presiona la base del dedo pulgar de la mano izquierda. Esa sensación es la misma que tiene un corte término medio rojo.

» Término medio

Abre la mano izquierda y une el dedo medio y el pulgar. Con el dedo índice de la mano derecha presiona la base del dedo pulgar de la mano izquierda. Esa sensación es la misma que tiene un corte término medio.

» término tres cuartos

Abre la mano izquierda y une el dedo anular y el pulgar. Con el dedo índice de la mano derecha presiona la base del dedo pulgar de la mano izquierda. Esa sensación es la misma que tiene un corte tres cuartos.

» Bien cocido

Abre la mano izquierda y une el dedo meñique y el pulgar. Con el dedo índice de la mano derecha presiona la base del dedo pulgar de la mano izquierda. Esa sensación es la misma que tiene un corte bien cocido.

Temperatura del carbón

La temperatura del carbón se puede dividir en 4 tiempos:

Ardiendo: Es cuando no se puede ni poner la mano arriba de la parrilla. El carbón aún permanece encendido con lumbre.

Caliente: Es cuando el carbón apenas se cubre con cenizas algo grises y la mano resiste entre 2 y 3 segundos arriba de la parrilla.

Mediana: Es cuando el carbón casi está cubierto por esa capa gris de ceniza y la mano resiste de 4 a 5 segundos arriba de la parrilla.

Baja: Es cuando el carbón está completamente cubierto por la capa gris de ceniza y la mano puede permanecer de 6 a 7 segundos arriba de la parrilla.

Cuando la temperatura de nuestro carbón está baja y aún queremos seguir asando alimentos, lo que debemos hacer es retirar los alimentos y al tener la parrilla despejada soplamos con algún abanico manual para hacer volar la ceniza que está encima de las brasa.

Niveles de calor

Es recomendable tener 3 niveles de calor en tu asador

• Una sola capa de carbón nos da un calor moderado que nos sirve para terminar la cocción de la carne sin que se queme.

• Colocar dos capas de carbón nos da un calor más intenso que sirve para sellar los cortes.

• No cubras el 100% de la parrilla con brasas ya que será necesario tener un lugar en la parrilla que no esté caliente por si necesitaras mover una carne a un lugar de menos temperatura. La zona fría es la parte de la parrilla en donde no tenemos nada de carbón y nos sirve para colocar la carne que ya está lista y que queremos evitar que se queme.

Ahumar

Antes de la era de la refrigeración la carne era ahumada para conservarla y evitar que se echara a perder. A principios de 1800 comienza el desarrollo de las primeras versiones del refrigerador moderno y más tarde, en ese mismo siglo, la labor del ingeniero alemán Carl Von Linden permitió que un refrigerante químico pudiera ser almacenado de manera eficiente, allanando el camino para la producción masiva de los refrigeradores.

El ahumado es una técnica de conservación de los alimentos que consiste en someterlos a una fuente de humo constante. Se colocan maderas que no contengan resinas encima de un fuego para generar humo. Este proceso, además de dar sabores ahumados sirve como conservador prolongando el tiempo de conservación de los alimentos.

Existen dos tipos de ahumados: en frío y en caliente. En frío, el proceso dura aproximadamente de 24 a 48 horas (dependiendo del alimento) y no debe superar los 30 °C; en caliente, la temperatura debe ser mayor a los 60° C y no superar los 75° C. La técnica que nosotros vamos a utilizar en nuestro asador es en caliente. Esta forma de preservación de alimentos proviene de épocas remotas; posiblemente por casualidad se descubrió que los alimentos que colgaban arriba de los fogones duraban más que los que no estaban en contacto con el humo. Este proceso de preservación se podría comparar con el salado para conservar el alimento; básicamente, se les quita la humedad a los alimentos y se les transfieren sabores.

Se puede ahumar con:

• **Virutas de madera**

Pequeños trozos de madera. La mejor manera de obtener gran cantidad de humo es remojando las virutas en agua por lo menos 1 hora. Puedes remojarlas en agua, jugo, vino o cerveza. Escúrrelas muy bien antes de colocarlas encima de las brasas.

• **Hierbas de olor secas para ahumar: salvia, romero, hojas de laurel, albahaca, té de limón, tomillo**

Colocar hojas secas encima de las brasas dejan un sabor de humo en la comida.

• **Sarmientos**

Son las ramas de vid secas. En España las utilizan para asar chuletas o chuletillas de cordero. Las chuletillas o chuletas al sarmiento es un plato asado típico de La Rioja, España. Los sarmientos se queman hasta que producen brasas. A veces vacían un chorro de vino de Rioja antes de retirarlas de las brasas. Normalmente no las sirven en restaurantes pues se necesita un lugar abierto. Las chuletillas al sarmiento son más bien típicas en bodegas de vinos o merenderos. Durante las Fiestas de la Vendimia en Logroño, España, celebran el denominado "Festival de la chuleta al sarmiento"; hay quienes compiten para ver cuántas se pueden comer en un determinado tiempo.

Para un toque ahumado

S i quieres darle un toque ahumado a lo que estás asando, agrega a las brasas un puñado de astillas o trozos de madera previamente remojados en agua, vino, cerveza o jugo de frutas. Cada líquido le dará un sabor diferente a los alimentos. Al remojar la madera, ésta producirá humo, pues al estar encima de las brasas primero se evapora el agua antes de quemarse y esto es precisamente lo que estamos buscando. Si la madera está seca, casi no echará humo pues se encenderá relativamente rápido y nos dará un sabor más amaderado.

Remoja la madera colocando los trozos o astillas de madera en un recipiente de plástico de medio litro de capacidad. Termínalo de llenar con el líquido que decidiste utilizar. Si tienes prisa o se te olvidó remojar previamente la madera, coloca el recipiente en el microondas y calienta el recipiente lleno; verás cómo la madera cambia de color rápidamente.

Para ahumar en asador de gas

E n Estados Unidos se acostumbra ahumar comida y se venden todo tipo de maderas para ahumar. Las maderas para ahumar no deben contener resinas. La forma para ahumar en un asador de gas es formar un paquete hermético con papel aluminio relleno de la madera de tu preferencia y perforarlo con un tenedor. Se necesita que la comida esté por lo menos 30 minutos en el asador y con la tapa cerrada. Es recomendable mojar los trozos de madera previamente. El objetivo de humedecer la madera es lograr que arda sin sacar flama. Algunos asadores de gas sofisticados tienen integrada una caja especial para ahumar (*smoker box*); o se puede comprar y tiene la misma función que el paquete hermético de papel aluminio. Para intensificar el sabor puedes agregar al paquete que contiene la madera dos cucharadas de azúcar y el contenido de dos bolsas de té negro.

TIP:
moja madera, escúrrela, guárdala en bolsas de plástico con cierre y congélalas. Así tendrás madera lista para cuando quieras ahumar.

Levanta la parrilla antes de encenderla y coloca el paquete de papel aluminio sobre la sobre la flama con la perforación hacia arriba.

¿Qué tipo de madera utilizar?

Así como hay maridajes para combinar el vino con la comida, también hay ciertas maderas que son ideales para cierto tipo de alimentos.

Carne	Tipo de madera
Carne de res	Cerezo, huizache, mezquite, nogal americano, parra, roble.
Cerdo	Cerezo, manzano, mezquite, nogal.
Pescado	Aliso, mezquite, nogal, parra, roble.
Aves de corral	Aliso, caoba de montaña, cerezo, manzano, nogal.

¿Qué más puedes utilizar para ahumar?

- **Hierbas de olor.** En lugar de dejarlas olvidadas en el refrigerador, sécalas al sol. Si no las utilizas en alguna receta las puedes utilizar para ahumar. Una vez que estén secas las puedes colocar encima de las brasas o si tu asador es de gas envuélvelas en papel aluminio y perfóralo colocándolo encima del quemador de gas.
- **Pimienta gorda.** Te sorprenderás del sabor.
- **Cáscaras de piña.**
- **Cáscaras de caña.**
- **Totomoxtles remojados en agua.** Los totomoxtles son las hojas de maíz que se utilizan para hacer tamales.
- **Olotes secos y remojados en agua.** No tires a la basura el olote después de desgranarlo. Ojo: éstos pueden atraer gorgojos, así que ten cuidado en dónde los guardas. Una vez secos guárdalos en bolsas herméticas con cierre.

ASADORES

¿Qué produce mejor sabor: gas o carbón?

Esta es una pregunta que lanzan los fabricantes de asadores al consumidor. ¿De dónde viene el sabor? El sabor viene del humo. El humo que produce el carbón natural al quemarse. El gas no produce humo al quemarse. Ahora bien, no todas las comidas se impregnan de la misma manera. Lo mejor de la comida que se beneficia del humo es la carne de res, sobre todo si son cortes gruesos, pues éstos están más tiempo en el asador. Hay quienes dicen que sus asadores tienen barras saborizantes integradas, pero las barras saborizantes se calientan con la intención de quemar grasa y crear humo. ¿Realmente quieres tu comida con el sabor de grasa quemada? Mantener tu equipo limpio, sobre todo la parrilla, es importante para que residuos de comida no impregnen tu platillo con comida quemada.

¿tapa arriba o abajo? ¿Cuál es la diferencia?

Bajar la tapa de tu asador mientras estás asando es para retener el calor. Cada vez que abres el asador el calor que atrapaste se escapa. Ahora bien, lo que tradicionalmente asamos (la típica carne asada: desde bisteces hasta hamburgue-

TIP:
Si lo que vas a asar es del grosor de tu mano abierta y extendida entonces la tapa va arriba. Si el grosor es mayor a tu mano la tapa va abajo.

sas) requieren de un calor intenso. Entonces no se necesita bajar la tapa. La tapa se baja cuando son trozos de carne más grandes y se requiere crear un ambiente caliente como el de un horno.

¿Calor directo o indirecto? ¿Cuál es la diferencia?

Son dos técnicas que al entenderlas y dominarlas te permitirán prácticamente asar cualquier cosa. El calor directo es como cocinar en un sartén que requiere relativamente poco tiempo. Por lo general se recomienda cuando se trata de cortes delgados. El calor indirecto es como si utilizaras un horno. Se utiliza para trozos más grandes.

Calor indirecto en un asador de carbón

Una vez que hayas encendido el carbón y tengas brasas coloca éstas con una pala de jardín a los lados, procurando que no haya calor debajo de la comida. Baja la tapa de tu asador; si no tiene tapa improvisa una con una olla, o un recipiente para pavos de aluminio desechable.

¿Qué buscar en un asador para saber cuál comprar?

Son varios los aspectos que debes considerar antes de adquirir un asador:
- Precio
- Espacio en la parrilla
- Qué tanto calor genera

Parrillas de hierro fundido, acero inoxidable, porcelana o acero

E l espacio de tu parrilla es muy importante, pues es lo que va a determinar cuánta comida puedes asar al mismo tiempo. El material de la parrilla debe ser resistente, durable y que evite que la comida se pegue. Si es muy delgada la parrilla o de mala calidad la intensidad del calor la va a desgastar. Si es de hierro fundido acéitala para que no se oxide.

Acero	Acero inoxidable	Porcelanizado	Hierro forjado
El acero normal empieza a desarrollar escamas; la superficie se vuelve áspera y dispareja. Esto hace que la comida se pegue.	También con el tiempo puede perder sus propiedades, pero no tan rápidamente como el acero. Las peores son las que tienen barrotes ultra delgados.	Tiende a desportillarse y empieza a verse el alma de metal y la humedad puede causar oxidación.	Se calienta muy bien y retiene el calor. Sin embargo, es importante darle mantenimiento: limpieza y lubricación.

Asadores de gas

E xisten más asadores de los que normalmente ves en una sola tienda. Así que es importante visitar varias tiendas. Ahora bien, aquí aplica que lo barato sale caro. Los asadores más económicos no asan bien y tampoco duran mucho. Compra un asador que dé calor intenso y uniforme, lo cual te permitirá tener un buen control.

También aplica la pregunta ¿Qué quieres? Cuando Alicia regresaba del País de las Maravillas se encontró con una bifurcación en el camino y le preguntó al gato de Cheshire que se le apareció:

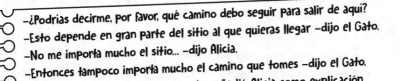

–¿Podrías decirme, por favor, qué camino debo seguir para salir de aquí?
–Esto depende en gran parte del sitio al que quieras llegar –dijo el Gato.
–No me importa mucho el sitio... –dijo Alicia.
–Entonces tampoco importa mucho el camino que tomes –dijo el Gato.
–... siempre que llegue a alguna parte –añadió Alicia como explicación.
–¡Oh, siempre llegarás a alguna parte –aseguró el Gato–, si caminas lo suficiente!

Asadores portátiles

Pequeños asadores fáciles de transportar. Los hay de carbón y de gas. Por ser compactos y pequeños pueden empacarse fácilmente para llevar a viajes o paseos. Pueden ser redondos o rectangulares y están construidos con materiales ligeros que facilitan su traslado.

¿En qué debemos fijarnos cuando compremos uno? En primer lugar a cuánta gente le puedes dar de comer. Por ejemplo, en uno yo he preparado comida para 8 personas. Para lograr esto el menú fue fundamental, así como la logística. Cociné tacos de cecina tradicional y enchilada. Antes de la comida asé todas las verduras (cebollitas y nopales). En el momento de comer asé primero la cecina tradicional (res) que es muy delgada y se asa rápidamente. Inmediatamente calenté las tortillas. Hice los tacos y los repartí. Luego coloqué la cecina enchilada (cerdo) que es más gruesa y se tarda más, pero mis invitados estaban comiéndose el primer taco. Estando lista la cecina enchilada calenté rápidamente más tortillas, preparé los tacos y los repartí. Luego calenté las verduras. Continúe repitiendo el ciclo hasta que los invitados dijeron basta.

Brasero o anafe

El diccionario de la lengua española lo define como: "Pieza de metal, honda, ordinariamente circular, con borde, y en la cual se echa o se hace lumbre para calentarse. Suele ponerse sobre una tarima, caja o pie de madera o metal. También como hogar o fogón portátil para cocinar".

Los asadores más antiguos son los braseros. En la antigua Roma y en Grecia ya se usaban para cocer alimentos; hoy en día han perdido popularidad por ser poco prácticos y pequeños. Hechos de material ligero, con recipientes cuadrados o redondos que se apoyan sobre patas, son muy bajos y algo incómodos para cocinar. Son hornillas portátiles, y en ocasiones en los restaurantes especializados en carnes a las brasas, los traen humeantes hasta las mesas.

También es conocido como el brasero andaluz. El brasero que conocemos hoy, ícono de la cocina mexicana, llegó con la conquista en 1525. A España llegó del mundo árabe y los conquistadores españoles lo introdujeron en la Nueva España.

Un herrero en la Delegación Tláhuac de la Ciudad de México elocuentemente me explicó que un brasero es un anafe con patas y por supuesto un anafe es un brasero sin patas. Este artefacto revolucionó la cocina en México. ¿Por qué? Por primera vez se podía cocinar estando de pie a la altura de la cintura. Antes, se cocinaba al ras del suelo. Inclusive, hoy en día las mujeres purépechas de Michoacán orgullosamente continúan con la tradición de cocinar enfrente de las tres grandes paranguas que son tres grandes piedras colocadas alrededor del fuego y encima se coloca un comal. La explicación de ingeniería es que al ser tres piedras aunque no sean del mismo tamaño (como en un banco, molcajete o metate) un comal siempre encuentra equilibrio y no se mueve. La explicación más romántica es que son tres piedras que simbolizan el contacto del hombre con la naturaleza en presencia de Dios.

Hay dos grandes inventos que vinieron después y que revolucionaron la comida no sólo en México, sino en el mundo entero. Si me escribes a mi correo electrónico willy@parrilladas.com preguntándome, con gusto te contesto, pues tú te has tomado la molestia de leer este manual.

Espadas

E s un método típico para asar la carne, atravesándola por una estaca ubicada en posición vertical y con las brasas en el suelo. Con el paso del tiempo ha evolucionado. En los orígenes se utilizaba la estaca de madera, improvisada generalmente con alguna rama de arbusto; posteriormente, se hizo de hierro con punta afilada para aferrarse bien al suelo y se usaban alambres para extender las patas de animales pequeños como terneros o corderitos.

Asador vertical

Originalmente el asador vertical era una simple estaca de madera con uno de los extremos afilados. Se atravesaba el animal, típicamente un cabrito, y la estaca se clavaba cerca del calor de las brasas. Hoy se fabrican en hierro y acero inoxidable.

El conocido asador vertical tipo cruz es el modelo clásico que incorpora una barra transversal, fija o movible, que sujeta las extremidades superiores del animal.

El asador vertical tipo doble cruz es un modelo moderno, con barras transversales superiores e inferiores; en este tipo ya no es necesario atravesar al animal con la estaca vertical.

Horno

Ideales para usar en lugares con mucho viento. Son totalmente cerrados, con tapas que tienen bisagras, que se levantan hasta una posición vertical y que sirven como mampara en contra del viento.

Cuando bajamos la tapa sobre las brasas el asador puede convertirse en un horno portátil y es probable que la comida tenga un ligero gusto ahumado.

Asador

Un asador bien diseñado debe permitir que el carbón rinda lo suficiente para asar tanta carne como sea posible, sin arrebatarla (tostado por fuera y crudo por dentro) o dejarla cruda y sin molestar con humo a quienes conviven cerca del asador. Esto, no tiene mayor importancia si son asadores fijos o portátiles; es más una cuestión de diseño.

Existen en el mercado gran número de distintos tipos de asadores, que se adaptan a diferentes hogares, y necesidades. Los fijos o de ladrillos deben estar diseñados para sacar el mayor provecho posible y tener una excelente ubicación.

Es necesario tener en cuenta que hay factores diversos que pueden mostrarnos qué tipo de asador es el más conveniente toda vez que los hay de carbón, gas, abiertos, tapados, portátiles, empotrados, de mesa, y otros más.

Partes de un asador

1 Manija
2 Control de Aire
3 Parrilla
4 Tambor
5 Patas

6 Rejilla multiusos
7 Ruedas
8 Tablas de apoyo
9 Tapa

E l asador ideal es aquél que cumple las expectativas de lo que vamos a hacer. Por experiencia propia el asador ideal es con el que tú te sientas a gusto y donde trabajes como el mejor de todos los chefs.

Curar un asador

C uando un asador es nuevo es conveniente curar la parrilla, para tener una capa que la proteja. Una vez que se tiene esta capa, no es necesario limpiarla constantemente, pero sí mantenerla libre de costras para un calentamiento uniforme.

Lo primero que debes hacer es limpiarla con un trapo húmedo, después, se unta muy bien la parrilla por todos lados con aceite o, en su defecto, con manteca. Por último, se enciende el carbón a todo lo largo de la parrilla y se deja que se queme el aceite o la manteca.

Condiciones básicas

E s importante conocer las condiciones básicas que requiere cualquier parrilla. La parrilla o asador debe estar y permanecer limpia y ordenada, puesto que allí se manipulan los alimentos que son consumidos por todos los miembros de la familia y por nuestros invitados.

Si vas a construir tu asador es indispensable disponer de una sección o área para cocinar; el tiro o chimenea debe disponerse de modo tal que permita que el humo vaya al exterior directamente, sin posibilidades de regresar; además, deben construirse con un material que retenga el calor y soporte las altas temperaturas, o sea, un material refractario. Si no cuentas con un tiro o chimenea ubica tu asador de tal manera que el humo no se dirija a los comensales y que al parrillero le permita hacer su trabajo libre de humo que le pueda irritar los ojos.

Parrilla toscana – carbón

E s una parrilla con patas cortas, diseñada para colocar encima del fuego, sobre todo, cuando la flama ha terminado y se tienen brasas. Normalmente se utiliza en las chimeneas.

¿En qué debemos fijarnos cuando compremos una? En tres características: el tamaño de la parrilla; asegúrate que quede bien en un tu chimenea. La lógica dice que sea de forma rectangular, que las patas sean por lo menos de 10 centímetros de largo y que los barrotes no estén muy separados para que la comida no se caiga.

Asador *Hibachi* – carbón

Este es un pequeño asador aproximadamente del tamaño de una caja de zapatos. Es originario de Japón. Está hecho de hierro fundido y los tradicionales están diseñados para ser utilizados con brasas. Está hecho para asar comida en pequeños trozos, por ejemplo, para el *yakitori* o *kushiyaki* (brochetas). Ideal para tener junto o encima de la mesa (nada más hay que asegurarse de no quemar la mesa y estar pendientes que el humo no se le impregne a la persona que está en contra del viento).

¿En qué debemos fijarnos cuando compremos uno? Que se vea y se sienta sólido. Por lo general, el peso te lo indica. Son muy pesados. Que no sea de lámina, que esté hecho de hierro fundido. Eso es precisamente lo que buscas; que el hierro fundido se caliente y concentre el calor. La empresa norteamericana Lodge **www.lodgemfg.com** tiene un *hibachi* extraordinario llamado *Sportsman's Grill*.

Asadores redondos de carbón con tapa – carbón

Este es el ícono de la marca Weber. Su fundador, George Stephen Sr., un estadounidense socio de un taller en Chicago en el que fabricaban artefactos de metal, entre ellos boyas marinas, era un amante de las carnes asadas y queriendo resolver el problema de las cenizas volando por causa del viento, partió una boya y construyó su asador en 1952. Sus vecinos lo llamaban Sputnik (en relación al primer satélite ruso lanzado a la órbita el 4 de octubre de 1957).

Estos asadores cumplen con todo lo que necesitas: la distancia entre las brasas y la parrilla; su forma de domo evita que el viento haga de las suyas y la tapa permite crear un horno utilizando la técnica de calor indirecto.

El tamaño se mide según el tamaño de la parrilla, los venden de 18.5" 22.5" y 26.75". Los más sencillos de la línea son los *Bar-B-Kettle*, después, los *One Touch Silver* y *One Touch Gold* (tienen en la parte de abajo el cenicero removible que es de gran utilidad en el momento de la limpieza), los asadores *Performer* (*silver*, *gold* y *platinum*) y el más grande de la línea: el *Ranch*. La promesa básica de Weber es: "Fabricar asadores que duren y proveer un excelente servicio al cliente".

¿En qué debemos fijarnos cuando compremos uno? El precio. Están en la escala de ser los más caros, pero también son los mejores. Están muy bien hechos y duran mucho tiempo. Aquí aplica la frase de "El precio se olvida y la calidad perdura", lo cual es cierto. **www.webermexico.com**

Ahumadores o asador de cerámica – carbón

Conocidos como *kamados* (en Japón significa horno, estufa o chimenea de leña o carbón) y datan del Siglo III. El estadounidense Ed Fisher lo descubrió mientras estaba en el ejército y en alguna misión en Japón. Lo introdujo a Estados Unidos en 1974. Sin embargo, al quebrarse decidió fabricar uno llamado *BGE* o *Big Green Egg* o el Gran Huevo Verde y buscó una fábrica de clase mundial especialista en cerámica la cual orgullosamente se encuentra en México.

La magia de este asador radica en que sus gruesas paredes de cerámica retienen el calor. Gracias a las ventilas se puede controlar muy bien la temperatura; desde muy baja o muy alta. La distancia entre las brasas y la parrilla permite asar como si fuera calor indirecto a pesar de que la comida está justo encima de las brasas. El *BGE* es el mejor asador de cerámica en el mercado. Más que asadores, en realidad son ahumadores. Por supuesto, con la tapa abierta se utiliza como si fuera una parrilla normal. **www. bigreenegg.com**

Asador estilo argentino – carbón

S on asadores en forma rectangular. Poseen dos grandes características: la primera, la parrilla está hecha de ángulos y en declive que permiten que la grasa escurra a una canaleta y no en las brasas. La segunda, tiene un sistema de cadenas que levantan la parrilla. Se puede alejar o acercar de la fuente de calor, lo que resulta muy bueno ya que, cocinar es un juego de temperaturas.

¿En qué debemos fijarnos cuando compremos uno? Que esté bien construido el asador. Que al tratar de moverlo no se mueva y que los ángulos sean gruesos. Las empresas más famosas que los fabrican en México son Hobby Grill **www.hobbygrill.com** Ballcomm Grills **www.asadoresestiloargentino.com.mx** y Asadores Solacero **www.solacero.com**

Construye tu propio asador

E ncender el carbón para los parrilleros puritanos es parte de la experiencia del ritual porque hay quienes no se conforman con encender correctamente el carbón sino son los que disfrutan y toman como proyecto el construir su propio asador, desde convertir un tambo, un cilindro de gas o un tanque de acero en un asador. Quienes desean construir su asador con ladrillos les recomiendo que visiten **www.construyetuasador.com**

Asadores de gas

Hay quienes dicen que para tener un asador de gas lo mejor es sacar la cocina al patio. Los inventores de los asadores de gas en Estados Unidos constituyeron la empresa Combustión Chicago Corporatión: **www.lazyman.com**

El rey de los asadores de gas en México es Weber. **www.webermexico.com** Los más sencillos son los de la línea SPIRIT, seguidos por la línea GENESIS y finalmente, su mejor línea es SUMMIT. Son asadores de gas limpios, rápidos de encender con sólo girar una perilla y apretar un botón, muy fáciles de usar y consistentes en la emisión de calor. Es como manejar un automóvil automático. Entre más grandes más aditamentos y accesorios tienen o se les puede conseguir.

¿En qué debemos fijarnos cuando compremos uno? En el tamaño. El tamaño de la parrilla importa por dos razones. ¿Cuántos *Rib-Eye* le caben al mismo tiempo? Haz un cálculo rápido colocando tu mano extendida sobre la parrilla cuando estés en la tienda. Y dos, que el espacio sea suficientemente amplio para poder colocar y usar diferentes accesorios. Asegúrate que el espacio dentro del asador con la tapa cerrada sea lo suficientemente amplio para colocar un pollo o un trozo grande de carne como un *roast beef* o un *brisket*. Además, que tenga por lo menos tres quemadores en la zona de la parrilla. Así se pueden encender los dos de los lados y dejar el de en medio sin encender para tener calor indirecto. También debemos fijarnos en que la parrilla sea resistente y que tenga un recolector de grasa. ¿Vas a encontrar refacciones en el futuro? Pareciera atractivo comprar en los clubes de precios asadores de marcas que nunca habíamos escuchado. La mayoría sí son de marcas reconocidas, pero el problema surge con el tiempo, cuando necesites una refacción. El gerente del club de precios se te va a quedar viendo con cara de *What*? cuando le digas: "fíjese que hace tres años compré el asador aquí y necesito la pieza clave que hace que funcione como antes" lamentablemente terminarás navegando por los sitios de internet de Estados Unidos localizando la pieza.

Asadores eléctricos

¿Se les considera un asador? Las sandwicheras para tostar paninis son excelentes. Colocarlos en una barra y armar un buffet es algo que da muy buenos resultados, pero no son considerados un asador. No es conveniente para días de campo puesto que no encontrarás un enchufe dónde conectarlo.

Planchas

En el mercado hay unas planchas para colocar encima de las hornillas de la parrilla de la estufa. De un lado son un comal y del otro lado simulan una parrilla. Ofrecen más espacio que un sartén, pero llenan la cocina y la casa de humo. ¿En qué debemos fijarnos cuando compremos uno? Que sea de hierro fundido.

Ventaja de los asadores con ruedas

Se pueden mover. Ya no eres presa del sol. Ya no estás arrinconado apartado de la reunión.

¿De qué tamaño el asador?

Todo depende de lo que quieres. ¿Vas a asar únicamente para dos personas?¿Tienes interés en asar para varias personas?

¿El tamaño sí importa?

Por supuesto que sí. Entre más grande, mejor. ¿Por qué? Partimos de que uno de los lujos del ser humano es el espacio. Además, imagínate colocar 5 tortillas en la parrilla y que ya no quede lugar en ella. Es mejor que sobre el espacio y no que falte. Es decir, la idea es tener una parrilla grande para cuando se quieran asar varias cosas a la vez. Si no se utiliza toda la parrilla simplemente no se coloca carbón en toda ella o no se encienden todas sus perillas en el caso de los asadores de gas.

¿Dónde colocar el asador?

Asumiendo que ya está armado tienes que decidir dónde lo vas a colocar. Es importante que esté afuera de tu casa porque el carbón emite monóxido de carbono; que sea en un lugar nivelado, fuera del paso de mascotas o niños corriendo. También tienes que considerar dónde lo vas a guardar cuando no lo estés usando. La mejor protección para tu inversión es una funda para que no le dañen las inclemencias del tiempo.

Cajas chinas, ataúdes o cajas fúnebres

Funcionan como hornos cuya fuente de calor es el carbón, colocado normalmente en la parte de abajo, aunque también los hay con el carbón colocado encima para hacer cabritos, lechones o 20 pollos a la vez.

¿Qué asador comprar?

No debe ser tan difícil comprar un asador, ¿verdad? Es cierto, un asador no es una máquina complicada; pero si no sabes lo que buscas, tal vez termines comprando algo decepcionante en vez de un asador que te hará sentir orgulloso.

Aquí encontrarás cinco consejos que facilitarán la compra de tu asador:

Paso 1.- Hazle la prueba del zarandeo

Toma el asador por los costados y sacúdelo bien. Un asador sólido y resistente refleja calidad en su fabricación.

Recomendaciones:

- Los asadores de acero inoxidable resultan más caros, pero son más duraderos.
- Inspecciona el armazón del carro para detectar soldaduras en lugares críticos.
- Los asadores ensamblados con demasiados tornillos duran menos.

Paso 2.- Inspecciona debajo de la cubierta

Inspecciona las parrillas de cocción. Busca asadores que tengan parrillas de cocción que conduzcan bien el calor y que estén fabricadas con materiales resistentes. Las mejores son las de acero porcelanizado, hierro fundido, hierro fundido porcelanizado, o acero inoxidable. Si compras un asador de gas, procura que tenga quemadores de acero inoxidable de gran espesor. Los quemadores que abarcan la superficie de la caja de cocción brindarán calor en forma más uniforme. Además, asegúrate de que las barras de metal que cubren los quemadores no tengan cortes u orificios que puedan provocar obstrucciones.

Recomendaciones:

• Un asador con más de un quemador te permitirá asar utilizando el método indirecto.

• Busca quemadores con posición de temperatura infinita para que tengas todo el control del calor.

Paso 3.- Verifica si es fácil limpiarlo

Un asador de carbón debe tener un sistema para retirar fácilmente las cenizas. Los mejores tienen un recolector de cenizas de gran capacidad. Un buen asador de gas debe tener una bandeja recolectora profunda que sea fácil sacar desde el frente para recoger la grasa y los jugos que suelta la comida.

Recomendación:

• Retira la bandeja de jugos o la bandeja recolectora. Si se traba, significa que no está bien diseñada o está mal hecha.

Paso 4.- Busca seguridad

Fíjate que las asas del asador que quieras comprar estén fabricadas con materiales que no sean conductores de calor y que te brinden amplio espacio para las manos. Levanta la cubierta y asegúrate que hay suficiente espacio para tu brazo. En los asadores de gas, asegúrate que los cables de electricidad para el encendido y la instalación de gas se encuentren a una distancia prudente de la parte inferior del asador y que no estén cerca de la bandeja de jugos; de otra manera estarás comprando un verdadero peligro.

Recomendación:

• Verifica que el asador se mantenga igual de firme con la cubierta levantada y cerrada.

Paso 5.- ¿tiene garantía?

Asegúrate de que ésta sea amplia y sin complicaciones. Tu garantía debe ser clara y sin rodeos. Considera al fabricante del asador, ¿reconoces el nombre que aparece en la cubierta? ¿Existirá esta compañía cuando necesites de su ayuda en unos años?

Recomendación:

• Para darte una buena idea del tipo de ayuda que tal vez necesites respecto a una marca, llama al número de atención al cliente y compruébalo.

Así como se debe aprender a manejar en un coche estándar y ya después se puede comprar un coche automático, el primer asador que tengas siempre debe ser de carbón; el segundo puede ser de gas, siempre y cuando conservemos el primer asador de carbón. ¿Por qué? Los asadores de gas son ideales para usarse de lunes a jueves; los de carbón, de viernes a domingo. Los de gas son también ideales como apoyo para el de carbón y si a la mera hora algún invitado te llegó con unos elotes "para asar en la parrilla" y no estaba en tu plan, rápidamente puedes encender el asador de gas para empezar a asarlos y después los terminas en el de carbón para darles ese toque tan característico.

Para no tener el problema de rellenar el tanque de gas puedes conectar el asador de gas al tanque estacionario de la casa. Este trabajo lo debe hacer un plomero.

Después de dominar la técnica del asador se pueden ir adquiriendo los hornos de leña, los ahumadores y otros más especializados.

Comparativo

Estilo Argentino	Americanos
Existen dos grandes diferencias. La primera es su parrilla hecha con ángulo (en forma de "V") que al estar ligeramente inclinada permite a la grasa escurrir para caer en un recipiente que se encuentra a todo lo largo de la parrilla. Así se evita que caiga sobre las brasas, lo que puede provocar un incendio.	Las parrillas de los asadores tipo americano son planas y no se elevan; sin embargo, existen algunos asadores de carbón en el mercado cuya charola del carbón se puede bajar y subir por medio de una palanca logrando el mismo efecto.
La segunda diferencia es poder elevar la parrilla por medio de un sistema de "polea" de cadenas. El objetivo de esto es poder regular la temperatura alejando o acercando la parrilla de las brasas.	Su parrilla no está inclinada ni en forma de "V", por lo que es importante cuidar que la grasa no escurra directamente sobre las brasas.
Estos asadores no tienen tapa.	Tienen tapa, lo cual los hace ideales para crear un fuego indirecto. Si la bajamos se crea un efecto de horno en donde se puede preparar un pollo entero, un *roast beef* y hasta un pavo. Sí, ¡un pavo en el asador!
Estos asadores por lo general no tienen rosticero.	Algunos modelos tienen un aditamento de rosticero para preparar pollo rostizado.

Cómo encender un asador de gas

Siempre levanta la tapa, gira la perilla principal y presiona el botón para crear una chispa y que encienda el gas, asegúrate que esté encendido el asador. Dale tiempo, unos 10 minutos, para que caliente la parrilla.

Tapado o destapado el asador

Con calor indirecto siempre se baja la tapa para atrapar el calor. Con calor directo depende qué tan grueso sea lo que estás asando. Si es más delgado que la palma de tu mano entonces el asador se destapa. Si es más grueso que tu mano estirada puedes bajar la tapa.

Mantén caliente el asador

Precalienta tu asador de 10 a 15 minutos antes de que empieces a asar para tener la certeza que alcanza la temperatura correcta y para matar cualquier bacteria. Tu asador debe alcanzar entre 400°- 450° grados para temperatura alta; 350°- 400° grados para media alta; 300°- 350° grados para media y 250°- 300° grados para baja. Un asador correctamente calentado sella los alimentos al contacto, mantiene la parte del centro húmeda y ayuda a evitar que se pegue. Al sellar mejora el sabor del corte a través de la caramelización, "atrapando" los jugos en el centro.

Distintas temperaturas en tu asador

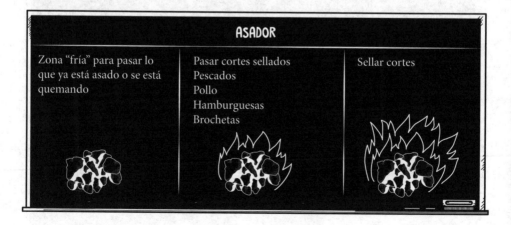

ASADOR		
Zona "fría" para pasar lo que ya está asado o se está quemando	Pasar cortes sellados Pescados Pollo Hamburguesas Brochetas	Sellar cortes

Si tu asador es de gas, primero enciende todas las perillas 10 minutos antes. Si tienes 3 quemadores deja 1 perilla en alto, la de en medio a la mitad y la tercera apagada. Si sólo tienes dos perillas deja una en alto y la otra en temperatura media.

¿Qué debo asar primero?

Si el espacio de tu asador es amplio puedes perfectamente asar las verduras y la carne al mismo tiempo. Si es reducido, primero asa las verduras hasta el punto de media cocción y después la carne; mientras sirves la carne, calienta las verduras.

Crear un horno en tu asador sin tapa

Si tu asador no tiene tapa y quieres crear un "horno" utiliza una charola grande de aluminio desechable como las que se usan para los pavos.

Asador de gas con tapa

Los asadores de gas generan menos calor que un asador de carbón. Los de gas funcionan mejor si se baja la tapa. Mantén la tapa cerrada en el asador. Evita abrir el asador constantemente. Cada vez que lo haces se escapa el calor, la temperatura baja y pueden pasar hasta 10 minutos para restablecer la temperatura adecuada.

¿Cuánto gas tiene el tanque de mi asador?

Una manera práctica de saber cuánto gas tiene el tanque de tu asador es vaciar aproximadamente una taza de agua hirviendo al lado del tanque. Después, toca el tanque con la mano y la parte que este caliente; esto quiere decir que está vacío y la parte que se mantiene fría tiene gas.

¿Gas o carbón?

	GAS	CARBÓN
	No es tan intenso el calor	Logra un calor fuerte e intenso
	Más fácil de encender; más práctico	Requiere de más tiempo para encender

TIP:
Cuando ases un trozo de carne grande, un pollo o un pavo coloca debajo un recipiente para recoger los jugos.

¿Engrasar la parrilla o barnizar cortes?

Hay quienes barnizan directamente la parrilla. Se puede tener un recipiente de medio o un litro y una brocha o un trapo enrollado y amarrado para este efecto. Sin embargo, desde mi punto de vista hay dos razones en contra de esta técnica: la parrilla está caliente y en segundo, precisamente por estar caliente, se quema el aceite.

Es preferible barnizar con toda calma los cortes. Únicamente se barnizan en la parte superior. Hay que recordar colocar la parte barnizada encima de la parrilla caliente. Una vez que estén colocados se vuelven a barnizar para que cuando se vayan a voltear no se peguen.

OJO: si se utiliza una lata de aceite NO hay que rociar la carne que está en la parrilla pues ésta podría explotar o por lo menos crearía un lanza llamas, lo cual por obvias razones es peligroso.

Ollas de hierro fundido

L o mejor que hay para cocinar son los sartenes y las ollas de hierro fundido, especialmente si se utilizan en un asador. El calor en un asador tiende a ser disparejo, pero en el hierro fundido se calienta parejo. Curar este equipo es la diferencia entre que lleguen a durar 100 años o que se echen a perder pronto. La forma de curar es la siguiente: después de lavarlo y secarlo, barniza completamente con aceite o manteca y mantenlo con calor de 150 °C durante media hora. El objetivo es lograr que en todos los poros del hierro fundido penetre el aceite. Así habrá una capa protectora entre el metal y los alimentos. No basta con hacerlo una sola vez. Habrá que repetir este proceso constantemente.

¿Cómo usar el rosticero de mi asador?

N ormalmente los asadores de gas sofisticados tienen un rosticero integrado. Es importante que la fuente de calor no dé directamente debajo de los alimentos; lo peligroso es que empiece a escurrir grasa, que ésta caiga encima del calor y se produzcan llamaradas. Coloca un recipiente debajo de la comida para recolectar grasa.

TÉCNICAS DE ASADO

E l asado es una técnica de cocción que se sirve del calor para que un alimento se vuelva más apetecible, comestible y digerible. Esta técnica permite que los alimentos, generalmente trozos de carne, sean expuestos al calor de las brasas. El calor se transmite al alimento, que por lo general está suspendido sobre las brasas encima de una parrilla. El fuego se obtiene a partir de carbón vegetal o de quemar madera; también de asadores de gas. Las maderas más usadas son maderas duras como las de roble, mezquite o quebracho, que arden a altas temperaturas y por un tiempo prolongado. Normalmente, los alimentos son asados a una temperatura entre los 250°C a 350° C.

Calor indirecto

A diferencia de cómo tradicionalmente se asa carne con calor directo (una cama de brasas en nuestro asador directamente debajo de la comida y nuestro asador destapado), para preparar un trozo grande de carne o un pollo entero se requiere calor indirecto (brasas a los lados y nada de calor debajo de lo que se va asar). Al quedar encimadas las brasas se genera más calor y al bajar la tapa de nuestro asador se crea el efecto de un horno. A continuación se detallan las instrucciones si se tiene un asador de carbón, de gas o un asador sin tapa:

• Retira la parrilla de tu asador y enciende el carbón. El siguiente paso es colocar los trozos más grandes o las briquetas de carbón que tengamos alrededor de nuestra fuente de calor. Con esto se crea una base sólida que no se mueve. Coloca pequeñas varas de madera secas que juntes en el jardín -inclusive puedes poner hojas secas-. Una vez hecho lo anterior haz una pirámide de carbón lo más alto que puedas sin que se caiga con los trozos más pequeños. Con una pirámide es más que suficiente. Sin embargo, si caben dos pirámides en tu asador, hazlas.

• Una vez hecha la pirámide enciende tu fuente de calor con unos cerillos o un encendedor. Puedes soplarle lentamente con la boca o con un abanico si ves que es necesario. Tienes que permanecer ahí, sentado o parado; lo importante es nunca dejar tu "puesto" ya que se puede apagar la fuente de calor. Un elemento importante para considerar es la cantidad de viento que está soplando. Como comprenderás, encender el carbón en la playa es más rápido que en las montañas. La brisa del mar nos ayuda, pero también es la responsable de que se nos termine más rápidamente.

• Poco a poco irás viendo que crece la llama y que los pedazos de carbón de arriba de la pirámide se van encendiendo. Llegará un momento en que toda nuestra pirámide está perfectamente encendida.

• El siguiente paso es repartir los pedazos de carbón encendidos con una pinza larga o con una pala pequeña en el 80% de nuestro asador. Aunque ya tengamos brasas encendidas no serán suficientes para nuestra parrillada. Una vez que extiendas el carbón y tengas una cama coloca una segunda cama de carbón encima. Éste se encenderá mucho más rápidamente que nuestra pirámide. Al principio, verás llamas moviéndose entre el carbón que se está encendiendo. Es el momento de ir moviendo los pedazos entremezclando los encendidos con los secos. Una vez que baje la flama y que los veas encendidos ya no los muevas. Cuando veas una capa grisácea, el carbón ya está listo. En la noche se ve cómo brillan las brasas con un rojo intenso.

• Con cuidado de no quemarte, coloca la parrilla de tu asador en su lugar.

• No cubras el 100% de la parrilla con brasas ya que será necesario tener un lugar que no esté caliente por si necesitaras mover una carne a un lugar de menor temperatura.

• Si el espacio en tu asador es lo suficientemente amplio, deja unos trozos de carbón en un rincón o en la parte que hemos denominado fría. Éstos los podrás agregar a las brasas si llegaras a necesitarlos en un momento dado.

Al rescoldo

Rescoldo es un término que se utiliza para designar a una brasa pequeña que se encuentra cubierta por la ceniza. Esto es, asar sin la necesidad de utilizar una parrilla cuando la comida se coloca encima de las brasas o al rescoldo para asar. Los alimentos se cubren con cenizas; por eso, una vez que estén asados deben quitarse las cenizas y el exterior quemado.

En ciertas regiones de Argentina, Bolivia y Chile al terminar el asado aprovechan los rescoldos para asar un pan llamado tortilla de rescoldo. Preparan la masa con harina de trigo, manteca y sal. Una vez hecha la masa forman con las manos unas tortillas muy gruesas. Estas las asan directamente sobre los rescoldos. Normalmente estas tortillas de rescoldo son para la merienda.

Tatemados envueltos en hojas de plátano

Tatemar o quemar viene del náhuatl *tlatemali* y quiere decir poner un alimento sobre un comal, directamente en las brasas o en el rescoldo para asarlo. En México es una técnica utilizada desde la época prehispánica para asar o tostar. La manera para saber si el alimento ya está listo a través de la vista y por el olor.

El pescado a la talla en el estado de Colima, por ejemplo, se prepara con un pescado entero, abierto y cubierto con verdura picada, luego envuelto con hojas del árbol de plátano y asado a las brasas.

Discadas

Nadie sabe con exactitud el origen de las discadas. Es sabido que en el norte del país desde hace mucho tiempo se acostumbra preparar guisos derritiendo manteca de cerdo en recipientes grandes o sartenes hondos para preparar diversas fritangas. Una de las más famosas es la del Valle de Allende, una población del estado de Chihuahua, situada al sur del estado y cabecera del municipio de Allende, y se le conoce como pepena. Estos guisos populares en toda la región en realidad no tenían un nombre especifico hasta la aparición del disco de arar que usan los agricultores en tractores para arar o labrar la tierra preparándola para la siembra.

Desde hace muchos años los agricultores desechaban con cierta frecuencia los discos de arar desgastados de las orillas y sin filo. Estos discos miden aproximadamente 60 centímetros de diámetro. La mayoría de estos discos iban a parar como chatarra al deshuesadero hasta que alguien muy ingenioso y seguramente con hambre decidió utilizar uno de estos discos como comal para calentar tortillas. Colocaron tres piedras en el suelo como base, encima de las cuales pusieron el disco y prendieron lumbre debajo. Pero como todo invento útil, siguió desarrollándose. Estos discos tienen perforaciones en el centro en donde pasa un eje que los detiene. Pulen muy bien la soldadura hasta que queda liso. A los guisos en discos se les conoce como discada.

Uno de los guisos más famosos es la chatarra. La chatarra es una mezcla de pequeños trozos de riñón, corazón e hígado de res con cebolla, ajo y chile. Lo interesante de las discadas es que son guisos típicos en las comidas campiranas y preparadas exclusivamente por hombres.

La discada típica se come en tacos de tortilla de maíz o de harina; sin embargo, hay personas que prefieren usar un plato para comérsela.

Durante la cocción

La temperatura y el tiempo de cocción deben ser los adecuados: entre 65 y 100° C para asegurar la destrucción de las bacterias patógenas.

Las hamburguesas no deben comerse semi crudas, o con el centro crudo. El síndrome de la hamburguesa, o síndrome urémico hemolítico es muy frecuente en los niños que comen hamburguesas mal cocidas.

Después de la cocción

Cuando la comida se retira retira del asador, la seguridad alimenticia empieza a descender porque las bacterias del ambiente comienzan a colonizar el alimento. Por eso, es importante comer los alimentos una vez que estén asados. Asar y comer es lo ideal, o refrigerar hasta el momento del consumo.

Si se compra comida hecha, una tarta por ejemplo, no comerla en el recipiente en que viene y primero calentar siempre a 65 °C.

CARNES

La carne es el tejido animal, principalmente muscular, que se consume como alimento. Se trata de una clasificación coloquial y comercial que sólo se aplica a animales terrestres (normalmente vertebrados: mamíferos, aves y reptiles), porque a pesar de poder aplicarse tal definición a los animales marinos, éstos entran en la categoría de pescado, especialmente los peces; (los crustáceos, moluscos y otros grupos suelen recibir el nombre de mariscos).

Más allá de la correcta clasificación biológica, otros animales, como los mamíferos marinos, se han considerado a veces carne y a veces pescado. Desde el punto de vista nutricional la carne es una fuente habitual de proteínas, grasas y minerales en la dieta humana. De todos los alimentos que se obtienen de los animales y plantas, la carne es el que mayores valoraciones y apreciaciones alcanza en los mercados y, paradójicamente, también es uno de los alimentos más evitados y que más polémicas suscita.

Carne de res

La res se divide en cuatro grandes secciones conocidos como:
1. Delantero (paleta y pecho).
2. Asado (espaldar y lomo).
3. Piña (pierna).
4. Abdomen (costillar y falda).

Estas luego son divididas en cortes primarios y estos a su vez en cortes subprimarios.

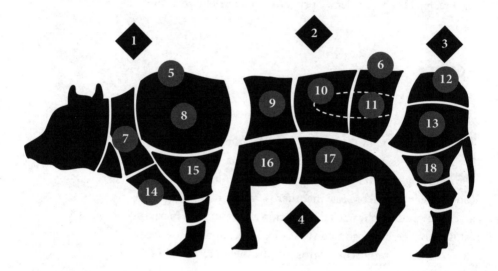

5 Giba, joroba	12 Aguayón
6 *Sirloin*	13 Centro de pierna
7 Pescuezo	14 Pecho
8 Paleta	15 Chambarete de mano
9 Espaldar	16 Costilla cargada completa
10 Lomo	17 Falda
11 Filete	18 Chambarete de brazo

Un bistec o un corte fino es un corte plano y grueso de carne que se obtienen de una parte carnosa de la res. Únicamente hay cinco y cuatro de ellos mantienen su nombre en inglés. No quiere decir que el resto de los cortes provenientes de la res no sean deliciosos. Los cinco cortes finos son: medallón de filete, *Rib-Eye, New York, T-Bone* y *Porterhouse*.

Filete

La caña de filete tiene a un costado una "cadena". Pídele a tu tablajero que te venda la caña sin la cadena. Ahora bien, si la caña viene con ella se la retiras antes de asar. La puedes moler para hacer hamburguesas o cortar en cubos para unos alambres. Las puntas de la caña se van adelgazando así que lo mejor será doblarlas y amarrarlas con hilo de cocina. De esta manera, después de sellar la carne, puedes rebanar medallones del mismo tamaño. La caña de filete se corta para obtener medallones. Es la carne más suave, pero no la de mejor sabor por no tener grasa ni hueso. Por eso en los restaurantes en México les encanta servirlo salseado; acompañado de alguna salsa ya sea al limón, a la mostaza, al vino tinto, a la pimienta o al queso roquefort. La combinación del filete bañado de una salsa es muy sabrosa. Sin embargo, a la parrilla queda delicioso siempre y cuando no se seque.

Rib-Eye

El *Rib-Eye* probablemente sea considerado el rey de la parrilla. La proporción de carne y grasa que contiene le dan el balance perfecto entre sabor y suavidad. En Estados Unidos se le conoce también con el nombre de Delmonico en honor al restaurante Delmonico's en Nueva York que se especializa en servir *Rib-Eye*.

New York

El *New York* toma su nombre por el parecido que tiene a la isla de Manhattan, Nueva York. La grasa a un lado del corte representa el río Hudson. El río nace en el condado de Essex, Nueva York, fluye a través del Valle del Hudson, y desemboca en el Océano Atlántico en la ciudad de Nueva York.

T-Bone

El *T-Bone* tiene un hueso en forma de la letra "T" de ahí su nombre. Es considerado un excelente corte ya que son dos cortes en uno. De un lado tiene un New York y del otro lado un filete. Ambos pegados al hueso son muy ricos. Es similar al Porterhouse pero más chico y la parte del filete no es tan grande. Por ser un corte caro normalmente lo venden muy delgado como si fueran bisteces pero se pierde la experiencia de disfrutar un corte grueso.

Porterhouse

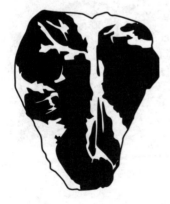

El *Porterhouse* es un *T-Bone* grande. Este corte es considerado el rey de los *T-Bones*. La parte del filete es más grande que la que tiene el *T-Bone*. El nombre viene de los porteros en las casas en donde los viajeros estadounidenses se detenían a comer. En 1814 Martin Morrison empezó a servirlos y de ahí la fama del nombre.

CÓMO ASAR UN CORTE FINO

Clasificación

DESCRIPCIÓN	CLASIFICACIÓN ESTADOS UNIDOS
Alto nivel de marmoleo con más de un 25%	*Kobe*
Carne de alta calidad con un alto nivel de marmoleo, casi 25%	*Prime*
Carne de buena calidad con buen porcentaje de marmoleo, cerca de 20%	*Choice*
Carne magra con poco marmoleo, un 17%	*Select*
Carne muy magra casi sin marmoleo, un 3%	*Standard*

Términos de la carne

			Temperatura	
			°C	°F
Rojo, inglés o Pittsburgh	Dorado por fuera, crudo por dentro	La carne se asa durante 1 minuto por lado con el fin de quitarle lo frío del interior. Queda bien cocida la capa exterior y por dentro cruda.	55°	120°
Medio rojo	Dorado por fuera, rojo por dentro	La capa externa se sella y el centro está rojo.	60°	140°
Medio o al punto	Dorado por fuera, rosado por dentro	Sellado por ambos lados y una franja roja en el centro.	65°	145°
Tres cuartos	Dorado por fuera, cocido por dentro	El centro de color café.	70°	160°
Bien cocido	Dorado por fuera, cocido por dentro y de consistencia seca	Todo el corte de color café, con muy poco jugo.	77°	170°

Una sola vuelta

Al asar un corte grueso en la parrilla lo mejor es voltearla una sola vez. Esto se hace para evitar que pierda el jugo y se seque.

¿Cómo lograr el término deseado?

Entre más grueso un corte es más fácil lograrlo. Es importante vigilar el corte. Dependiendo de la intensidad del calor, qué tan cerca está la parrilla de la fuente de calor. Es importante no utilizar tenedores para voltear porque se desjuga; la carne se voltea con pinzas de mango largo como las del pan.

¿Por qué es tan suave la arrachera?

La arrachera en su estado natural es dura; es una carne con mucha fibra. Proviene del diafragma del animal. La arrachera es suave porque ha pasado por un proceso de inyección de una salmuera. La Secretaría de Agricultura (SAGARPA) a través de su sello TIF autoriza que la carne tenga hasta un 22% de agua con sal inyectada y la proporción necesaria de conservadores. ¿Esto es bueno o malo? Simplemente es. Más allá de comprar agua a precio de carne la salmuera ayuda a suavizar y mantener humidificada la carne.

Añejamiento de la carne de res

La carne añejada ha sido sometida a una maduración controlada para conseguir características sensoriales precisas. ¿Qué nos da este proceso? Sabor y suavidad.

Hay dos formas de añejar carne. En húmedo: adentro de bolsas de alto vacío, en donde el trabajo enzimático ayuda a suavizar las fibras naturales de la carne. En seco: con aire controlado y frío. Se seca la parte externa de la pieza formando una costra. Este método es perfecto para carnes ligeramente duras que requieran suavizarse un poco más, en comparación con el filete o *Rib-Eye*, considerados cortes más tiernos.

¿Cuánto tiempo? 14 a 21 días (más días puede resultar en "putrefacción" y sabor más allá de ser intenso y delicioso se torna desagradable). Las enzimas naturales del músculo actúan sobre el tejido conectivo y las fibras musculares.

Las bacterias que causan la descomposición necesitan oxígeno. El empacado al alto vacío inhibe el crecimiento bacteriano destructivo.

La cocción recomendada es término medio (entre 60 y 65 °C) y sazonar sólo con sal y pimienta.

Conoce los factores que intervienen en el añejamiento en seco:

- Temperatura. Entre 1 y 3 °C favorece la activación de las enzimas naturales.
- Luz ultravioleta. Previene el crecimiento de bacterias y microorganismos.
- Humedad. De 75 a 80 por ciento evita la deshidratación excesiva.
- Aire. Entre 1 y 3 litros por segundo; ayuda a formar la costra exterior y potenciar el sabor.

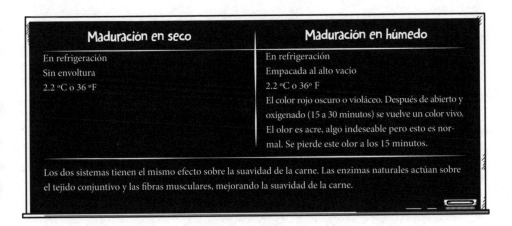

Maduración en seco	Maduración en húmedo
En refrigeración Sin envoltura 2.2 °C o 36 °F	En refrigeración Empacada al alto vacío 2.2 °C o 36° F El color rojo oscuro o violáceo. Después de abierto y oxigenado (15 a 30 minutos) se vuelve un color vivo. El olor es acre, algo indeseable pero esto es normal. Se pierde este olor a los 15 minutos.

Los dos sistemas tienen el mismo efecto sobre la suavidad de la carne. Las enzimas naturales actúan sobre el tejido conjuntivo y las fibras musculares, mejorando la suavidad de la carne.

Carnes

E l Chef Ejecutivo Mauricio León del restaurante *The Capital Grille* en la Ciudad de México habla de cuatro constantes en la maduración en seco:

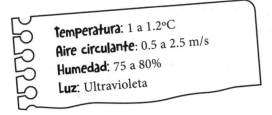

Temperatura: 1 a 1.2°C
Aire circulante: 0.5 a 2.5 m/s
Humedad: 75 a 80%
Luz: Ultravioleta

Para verificar la autenticidad de una carne añejada:

• Color: Rojo intenso, grasa exterior ligeramente oscura y consistencia de mantequilla.

• Aroma: Intenso y penetrante, muy concentrado en la carne, pero sin notas putrefactas.

• Textura: Extremadamente suave, con posibilidad de desbaratarse en la boca y partirse con tenedor.

• Sabor: Muy potente y concentrado a carne, con ligeras características dulces y amargas.

Clembuterol

Es un fármaco que si es utilizado en el ganado éste aumenta su masa muscular y disminuye el tejido graso. El clembuterol ha sido prohibido para uso humano ya que los residuos de clembuterol pueden afectar las funciones de pulmones y corazón en personas que ingieren carne o hígado de animales a los que les ha sido administrado clembuterol. Razón por la cual la SAGARPA (Secretaría de Agricultura, Ganadería, Desarrollo Rural, Pesca y Alimentación) y el SENASICA (Servicio Nacional de Sanidad, Inocuidad y Calidad Agroalimentaria) buscan desalentar el uso de Clembuterol en la alimentación del ganado bovino para engorda. Por eso es importante comprar carne en establecimientos conocidos y que el paquete tenga el sello TIF, Tipo Inspección Federal, lo que garantiza al consumidor que está adquiriendo un producto que ha sido inspeccionado y libre de clembuterol.

¿Qué es el líquido que suelta la carne?

El 75% de la carne es agua. El líquido que a veces vemos en el empaque no es sangre, es el agua mezclada con la proteína de la carne y suele escurrirse.

¿Debo enjuagar la carne?

Hacerlo le retira propiedades saludables. Si llegara a tener cualquier bacteria ésta se muere con el calor.

¿Qué es TIF?

Tipo Inspección Federal. Esta inspección verifica la inocuidad o higiene de los productos cárnicos. Se tiene que cumplir con las condiciones higiénicas en el proceso, en la infraestructura, en el personal que maneja la carne y en la conservación del producto. Esta verificación la otorga la SAGARPA.

Después de la segunda guerra mundial fue creado el sello TIF para cumplir con los requisitos para la carne de los Estados Unidos. Este sello garantizaba que la carne estaba libre de encefalitis espongiforme bovina (EEB) o el mal de las vacas locas.

México - calidad suprema

Es exclusivo para carnes mexicanas que tienen el sello TIF y que tienen calidad de exportación.

Carnero certificado

Se estableció en el año de 1978 y esta certificación fue creada por los ganaderos estadounidenses en donde el ganado debe cumplir con las siguientes características: machos, raza angus, pelaje negro y menores de 30 meses en el momento en que se sacrifican.

Calidad en la carne

Ésta empieza con las diferentes razas y desde la reproducción. Si se lleva a cabo la inseminación artificial, la elección de los toros para la producción se basa en que puedan dar a su descendencia lo necesario para que sean buenos productores de carne; que tengan buena musculatura y sean capaces de crecer a buen ritmo.

Desarrollo

E l desarrollo de los animales empieza después del destete y se basa fundamentalmente en que el animal tenga una buena alimentación para que su estructura
ósea sea grande y pueda contener suficiente carne. La alimentación y cuidado
de los animales en esta etapa son fundamentales para poder obtener buenos rendi-
mientos (carne en grandes proporciones) de estos animales. Las tres grandes fuentes
de alimentación para esta etapa son:

1 El grano **2** El pasto **3** La combinación de ambos

Ventajas de la producción del ganado estabulado

E stabular es meter y guardar ganado en establos para alimentarlos. Cuando los
animales reciben una dieta bien balanceada, éstos engordan rápidamente y así
se pueden sacrificar más jóvenes. También se pueden alimentar una gran cantidad de animales en un espacio reducido. Otra ventaja es que se produce una alta
cantidad de marmoleo (grasa depositada dentro del músculo), obteniendo una carne color rojo cereza, firme, con más sabor y una mayor duración en la vitrina.

Los cortes deben tener presencia de grasa intramuscular o marmoleo, que son
una serie de líneas blancas que se ven en el corte interno; la presencia de esta grasa
nos dará jugosidad y humedad al cocinarla.

Especies de bovinos

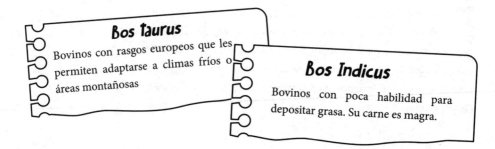

Bos taurus
Bovinos con rasgos europeos que les permiten adaptarse a climas fríos o áreas montañosas

Bos Indicus
Bovinos con poca habilidad para depositar grasa. Su carne es magra.

Principales razas

Estas razas se explotan exclusivamente para que produzcan carne.	Estas razas se explotan para la producción de leche, pero sus crías se utilizan para producir carne.	Estas razas modernas son creadas por el hombre que mezcló las dos grandes familias y obtuvieron animales con mejores características que sus padres.
Simmental *Herford* *Limousin* *Charolais* *Beefmaster* *Brangus* *Angus* *Brahman*	*Holstein* Suizas	*Braford* – cruce entre *Brahman* y *Herford* *Brangus* – cruce entre *Brahman* y *Angus* Santa Gertrudis – cruce entre *Brahman* y *Shorthorn*

Inspección de la carne

L a inspección es obligatoria para toda la carne en hoteles, restaurantes, tiendas, supermercados y carnicerías.

En los Estados Unidos:

Los inspectores del USDA (Departamento de Agricultura de los Estados Unidos) examinan el ganado y sus canales antes, durante y después del proceso de sacrificio para asegurarse que ningún canal sea procesado si tiene algún problema que implique que los consumidores estén en riesgo de contraer alguna enfermedad.

El sello U.S. INSP'D & P'S'D quiere decir: Estados Unidos, Inspeccionado y Aprobado; es garantía de la salubridad del producto por parte del Departamento de Agricultura de los Estados Unidos.

38 U.S. INSP'D & P'S'D

U.S. INSPECTED AND PASSED BY DEPARTMENT OF AGRICULTURE EST. 38

En México:

Hay dos tipos de rastros en donde se sacrifican los animales de abasto para consumo.

1) TIF quiere decir Tipo Inspección Federal y significa que las canales están manejadas en excelentes condiciones sanitarias. La Secretaría de Agricultura (SAGARPA) inspecciona las plantas procesadoras de carne y revisa la importación de productos cárnicos al país.

2) Municipales. Son rastros inspeccionados por la Secretaría de Salud. Hay rastros municipales en buenas y otros en malas condiciones higiénicas.

En México se sellan las canales, lo que garantiza que han sido inspeccionadas para que el consumidor confíe en la carne que está consumiendo.

CLASIFICACIÓN DE LA CARNE

L a inspección de la carne es obligatoria, mientras que la clasificación es voluntaria.

¿Qué determina la calidad de la carne para nosotros los parrilleros?

La edad del animal, cuántos días estuvo engordando, el tipo de dieta que recibió y su genética.

¿Qué elementos se utilizan para clasificar la calidad?

1) La madurez de la canal
2) La cantidad de marmoleo
3) El color de la carne
4) La textura y firmeza

El orden está basado en la palatabilidad, o sea en la cualidad de la carne y si es agradable al paladar.

Hay 2 valores importantes en una canal: la cantidad de carne que se puede obtener de la misma y se le llama rendimiento de la canal y calidad de la canal, que es lo que da el sabor, suavidad, jugosidad y buen color (rojo cereza).

El costo de esa canal está en función de la calidad de la carne y su rendimiento. En total son 8 clasificaciones de calidad del USDA.

Ganado joven	Ganado adulto
Novillos y vaquillas jóvenes 3½ años o 42 meses de edad	Reses con más de 3½ años o 42 meses de edad
Prime	Comercial
Choice	De utilidad
Select	Recorte
Standard	Enlatado

L a calidad *prime* es la carne de más alta calidad y únicamente el 1% - 3% de las reses tienen esta clasificación. La clasificación *choice* de muy buena calidad. La calidad *select* es una carne de una aceptable calidad. *Standard* es la carne menos apetecible.

Gráfica de la clasificación de la calidad

Grado de marmoleo	Clasificación
Abundante	Prime
Moderadamente abundante	Prime
Moderado	Choice
Modesto	Choice
Poco	Choice
Ligero	Select

¿Carne en caja?

Antes, la carne se transportaba en canales. Inclusive, los mismos camiones que transportaban la carne tenían unos rieles en el techo para colgar las canales por medio de unos ganchos. Esta forma de transportar causaba que la canal se deshidratara entre 0.5% y 1.0% al día.

Transportar, distribuir y vender en cajas (la canal partida en partes, empacada al alto vacío) se inició en los años 60 en los Estados Unidos. Se tardaron 20 años para aceptarla como la forma más común de comprar carne. Hoy por hoy, el 95% de la carne producida en Estados Unidos y de la cual importamos en México se empaca en cajas y nos llega en camiones refrigerados sin congelar.

Ventajas de la carne en cajas y desventajas de la carne en canal

Ventajas de la carne en cajas	Desventajas de la carne en canal
Se utiliza mejor cada pieza y cada parte de la canal. Se reducen los costos de transportación. Se necesita menos espacio de almacenamiento y cámaras de refrigeración. Se reduce la deshidratación y la contaminación microbiana. Se reduce la mano de obra. Se hace una limpieza más rápidamente.	El porcentaje de hueso, grasa y recorte es muy alto. Las canales ocupan espacio muy amplio para transportarlas. Se requiere más espacio para el almacenamiento. Se requiere un sistema de rieles para el movimiento. La contaminación microbiana es muy alta y rápida. Se requiere una gran cantidad de mano de obra para trabajar la canal. Se requiere mano de obra muy calificada. Los cortes que se obtienen de la canal no siempre concuerdan con la demanda del consumidor. Se genera mayor merma y se presenta una deficiente rotación de inventarios.

¿Qué es una canal?

La canal es el resultado del sacrificio, desollado, eviscerado, sin cabeza y sin patas del bovino. La canal se divide en dos mitades llamadas medias canales y se obtienen cortando longitudinalmente la canal entera a lo largo de la columna vertebral desde la cadera hasta el cuello procurando que el corte sea en medio de los huesos del espinazo. Normalmente, la media canal de res se divide en cuarto delantero y cuarto trasero. El corte para separar los cuartos puede ser entre la 12ª y 13ª costilla para el método americano y entre la 5ª y 6ª para el método mexicano.

¿Qué es una atomósfera controlada?

Son empaques, normalmente charolas plásticas, que durante el empacado de la carne se utiliza una mezcla de gases: oxígeno (ayuda a mantener el color rojo de la carne fresca), nitrógeno (ayuda a mantener la forma del envase) y el dióxido de carbono (frena el crecimiento de microbios y de algunas bacterias).

¿Qué le sucede a la carne cuando se asa?

El principal cambio que ocurre cuando la carne se cocina es que libera líquidos y se hace firme. Al salir el líquido de la carne hace que ésta pierda peso.

Diferencias en el tipo de alimentación

Cuando se inició la ganadería, el ganado se alimentaba en pastoreo; esto es llevar el ganado al campo y cuidarlo mientras come en los prados, montes y dehesas. Además de que se pierde el control de lo que comió la res, se afecta la masa muscular haciéndola más fuerte, por estar caminando, y en consecuencia, la carne es más dura. El ganado de engorda es alimentado de una manera intensiva y dentro de un corral. Efectivamente, hacen menos ejercicio, sus músculos están menos desarrollados y tienen un buen nivel de grasa, lo que influye directamente en el marmoleo, jugosidad, suavidad y sabor de la carne. La dieta está basada fundamentalmente en maíz. La ventaja de alimentar al ganado con maíz es lograr mayor marmoleo, una carne más suave y la velocidad de crecimiento es bastante más rápida comparada con el ganado alimentado vía el pastoreo. Esto provoca que el animal estando más joven llegue al rastro.

Por contraste, la carne resultado de ganado alimentado en pastoreo y que no lo ha sido con granos al final de su vida, raramente obtiene el grado de "prime" porque tiende a estar menos marmoleada. Sin embargo, puede tener un sabor más complejo, a hierbas, que reflejan la dieta a base de pastos y es más saludable que la del ganado alimentado con granos, con más omega-3, ácidos grasos y menos grasa saturada. A esta carne le beneficia ponerle mantequilla derretida o aceite de oliva una vez asada. El autor Steven Raichlen recomienda hacer una taza con papel aluminio, llenarla con un trozo de grasa de la carne y colocarla en la parrilla hasta que se derrita. Vacía un poco de esta grasa líquida para resaltar el sabor de la carne.

¿Qué nos sucede cuando hacemos ejercicio en el gimnasio? Quemamos grasa. Sucede lo mismo con las reses. Si caminan durante un buen tiempo queman grasa y endurecen los músculos.

Existen 3 tipos de grasa en la res

1 Grasa externa que cubre la parte exterior de la canal.
2 Grasa intermuscular que se encuentra entre los músculos. Ésta vendría siendo el borde de grasa blanca que se le ve a un *New York*, por ejemplo.
3 Grasa intramuscular que se encuentra dentro del músculo y es la que define la calidad de la carne. Las vetas blancas que hacen tan famosa por ejemplo a la carne kobe.

¿Por qué es tan importante el marmoleo?

L a grasa dentro del músculo ayuda a que la carne sea más jugosa, que tenga mejor sabor y esté más tierna. Cuando compremos carne en el supermercado, clubes de precio, carnicerías o boutiques de carnes lo que va a determinar la suavidad y sabor son la clasificación y el marmoleo.

Para separar la canal se corta ya sea entre las costillas 12 y 13 o entre la 5 y 6 y evalúan el músculo *Rib-Eye*.

El marmoleo ayuda a que la carne sea:

- Más jugosa.
- Con mejor sabor.
- Más tierna.

¿Cómo se determina el nivel de marmoleo?

- Se hace un corte transversal en la canal entre las costillas 12 y 13 (Estados Unidos).
- Se hace un corte transversal en la canal entre las costillas 5 y 6 (México).

Empacado al alto vacío

E mpacar carne al alto vacío es recomendable porque:
- Se aísla la carne del oxígeno y la falta de oxígeno inhibe el desarrollo de las bacterias.
- Permite la maduración natural en refrigeración.
- Dura más tiempo.

Ahora bien, la carne, al estar empacada al alto vacío, cambia de un color rojo cereza a un rojo más intenso, más oscuro. Esto es completamente natural. También, al abrir el empaque el olor no es de "carne fresca" y se puede llegar a pensar que está echada a perder porque emite un olor acre. Sin embargo, al dejarla en contacto con el aire, en 30 minutos se le va el olor y cambia el color. Nada de qué preocuparse.

Congelación y refrigeración de la carne

E l gran secreto de una parrillada no existe, más bien es el cúmulo de detalles. Además de la calidad de la carne, aprender a descongelarla es muy importante para que no pierda su jugo. Lo ideal es colocar los paquetes de carne congelada en el refrigerador con 48 horas (2 días antes de la parrillada), pero con 24 horas (1 día antes de la parrillada) será suficiente y éstos se descongelarán lentamente sin romper la cadena de frío. No es conveniente dejar la carne a temperatura ambiente. Sin embargo, en caso de una emergencia, déjala afuera toda la noche.

NUNCA introduzas la carne a descongelar en el microondas porque se corre el altísimo riesgo de cocerla y esto es lo último que se quiere. Es mejor salir a comprar carne fresca que no ha sido congelada. Si fuera extremadamente necesario, entonces utiliza la función de *DEFROST* y programa el peso de la carne. Así, el horno trabaja a un porcentaje mínimo de su potencia y el riesgo de cocción es menor.

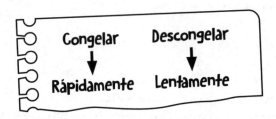

Es importante congelar rápidamente y descongelar lentamente. Así, se reduce la formación de grandes cristales, que son como vidrios que cortan las membranas celulares causando desjugue durante la descongelación.

Se debe respetar la cadena de frío. La mejor manera para descongelar es pasar la carne congelada del congelador al refrigerador. Es un proceso lento que puede llegar a tardase entre 24 y 48 horas.

Congelar carne

Si la carne no viene empacada al alto vacío entonces envuelve cada corte crudo en papel autoadherente. Después, coloca los cortes en bolsas de cierre hermético. Ponle la fecha y el tipo de corte que es. Esto te ayudará a saber qué carne consumir primero.

La refrigeración de carne cruda debe ser entre 4° y –2.2°C

La congelación de carne cruda debe ser por debajo de los –18°C

Descongelar	Merma por desjugue
Del congelador al refrigerador	3% al 5%
Del congelador al chorro de agua fría	7% al 12%
Del congelador a baño maría o agua caliente	15% al 20%
Del congelador a temperatura ambiente u horno de microondas	22% al 25%
Del congelador al rayo de sol	27% al 35%

Cuando se asa un corte se pierde aproximadamente un:

20% de jugosidad para un término medio.

35% de jugosidad para un término bien cocido.

(También aplican los porcentajes a las carnes de cerdo).

Enfermedades transmitidas por productos cárnicos

Nombre	Alimento
Salmonelosis - Salmonella	Carne, pollo
Tifoidea - Salmonella Typhi	Carne, mariscos
E-Coli - Escherichia Coli	Carne molida cruda
Triquinosis - Trichinella Spiralis	Carne de cerdo cruda

Grosor de los cortes finos

Es recomendable que los cortes sean por lo menos de 1 centímetro de grosor; de lo contrario se resecarán muy pronto y tendremos un corte rígido y sin humedad, que es igual a insípido.

¿Cómo lograr los diamantes en un corte fino?

La parrilla tiene que estar perfectamente limpia, engrasada y caliente. Cuando colocas el corte encima de la parrilla el calor de los barrotes marcan la carne. Después de 1 minuto gira el corte 45 grados. Así lograrás los clásicos diamantes como en los restaurantes.

¿Los cortes deben estar a temperatura ambiente?

Hay quienes del refrigerador colocan la carne directamente al asador. Así lo hacen en los restaurantes. Es preferible sacarlos por lo menos media hora antes para temperarlos.

¿Del congelador directamente a la parrilla?

Sí se puede. Sin embargo, no lo recomiendo. Lo más probable es terminar con un corte perfectamente sellado por fuera y frío por dentro.

COMPOSICION QUÍMICA DE LA CARNE

La carne tiene una composición química bastante compleja y variable en función de un gran número de factores tanto extrínsecos como intrínsecos. El conocimiento detallado de su composición y la manera en que estos componentes se ven afectados por las condiciones de manipulación, procesamiento y almacenamiento determinarán finalmente su valor nutricional, la durabilidad y el grado de aceptación por parte del consumidor.

Químicamente, tanto la carne fresca como aquélla procesada industrialmente, se caracterizan haciendo un análisis de contenido microbiano y con la medida de atributos físicos como la suavidad y el color, los constituyentes principales de la humedad, el nivel de proteínas con respecto a la grasa y las cenizas (material inorgánico).

En el caso de carnes crudas de abasto, se realizan otras medidas como el PH y el color. Ambas constituyen indicadores de la calidad de la carne. La carne se suele analizar para indicar niveles de frescura o determinar si está rancia, con pruebas que indican el valor de peróxidos y de ácido thiobarbitúrico (denominado como test de número TBA). Éstos miden el estado oxidativo de la grasa rancia, mientras que las pruebas que investigan los niveles de ácidos grasos miden el estado de hidrólisis de la grasa rancia.

Las carnes suelen tener un rango de contenido graso que varía desde un 1% hasta un 15%, generalmente almacenada en el tejido adiposo. La mayor parte del contenido de la carne es de origen proteico, generalmente colágeno o elastina. El colágeno se convierte en gelatina cuando se cocina al calor en ambientes húmedos; por otra parte, la elastina se mantiene inalterada al ser cocinada. El contenido proteico se reparte entre la actina y la miosina, ambas responsables de las contracciones musculares.

Sabores y olores

El sabor de las carnes posee cerca de mil compuestos químicos identificados en los constituyentes volátiles de la carne de res, ternera, pollo, cerdo y cordero. Estos volátiles están descritos como compuestos químicos orgánicos tales como hidratos de carbono, alcoholes, aldehídos, ésteres, furanos, piridinas, pirazinas, pirroles, oxacinas y otros compuestos que se fundamentan generalmente en el átomo de azufre y en los elementos halógenos.

Se considera en la comunidad científica que los sabores y olores de la carne provienen predominantemente de los compuestos acíclicos azufrados y de los compuestos heterocíclicos que contienen nitrógeno, oxígeno o azufre. No obstante, existen diferencias respecto a la cantidad de los compuestos según la especie animal de que se trate.

Colores

E l color de una carne puede servir para evaluar el estado en que se encuentra. Los colores pueden variar dependiendo del manejo que le haya sido dado desde el matadero hasta la exhibición y venta al público. Los colores de la carne varían dependiendo de qué animal estemos hablando. Señalaremos a los cuatro principales grupos de acuerdo al consumo que tienen en nuestro país.

CONSEJOS PARA EVALUAR UNA CARNE DE RES Y ASARLA

– Color: Rojo Brillante
– Grasa: Blanca
– Textura: Firme, elástica y ligeramente húmeda
– Olor: Ligero y característico
– Temperatura Refrigerada: +4°C o menos
– Congelada: –18°C o menos

Cuánto dura la carne en refrigeración y en congelación

S i no se van a utilizar dentro de las siguientes 48 horas, se colocan en el congelador, pero antes hay que eliminar la grasa. Si son cortes finos o milanesas, es recomendable separarlos con papel transparente autoadherible o papel encerado.

Temperar la carne

R etira la carne del refrigerador cerca de 20 minutos antes de asarla. Una carne congelada no se cuece de manera uniforme.

No te pases en la cocción

E s mejor que le falte cocimiento a la carne que cocerla demasiado. Siempre se puede volver a ponerla en la parrilla si está muy cruda.

Limpieza de cortes

R etirar la mayor cantidad de grasa, pellejos y nervios con un cuchillo bien afilado antes de poner en la parrilla. Nadie se los va a comer; además, la grasa se derrite y se escurre por todos lados.

Marcar la carne en la parrilla

P ara lograr marcar la carne como en los restaurantes es importante que esté bien caliente y limpia la parrilla. Para saber si está caliente o no la parrilla, coloca tu mano a una distancia de cinco centímetros; si sólo la puedes sostener de 3 a 4 segundos, la parrilla está caliente y lista; de 5 a 7 segundos, significa que tienes un calor medio, insuficiente para dorar la carne. Coloca la carne en la parrilla; después de un minuto o menos gírala 45 grados para lograr los clásicos rombos.

Dejar reposar la carne asada

E l calor del asador provoca que los jugos de la carne se concentren en el centro. Al dejarlas reposar una vez asadas, los jugos se redistribuyen y tendrás jugosos cortes.

Dale tiempo al corte en el asador

No lo muevas. Deja que se le haga una costra antes de moverlo o voltearlo. Si tratas de levantar la carne antes de que esté lista, se pegará a la parrilla.

Tablajero vs. Carnicero

La figura del carnicero se volvió sumamente importante desde hace 10,000 años cuando gracias a la agricultura dejamos de ser nómadas y nos establecimos. La función del carnicero en la sociedad significaba la repartición de la proteína entre la sociedad. Ahora bien, el carnicero es quien destaza la res, pero el tablajero es quien obtiene los cortes; es un verdadero artesano.

El tablajero es tu mejor aliado

Conoce a tu tablajero. Compra en una buena carnicería. Evita bisteces ya empacados; las envolturas de plástico atrapan la humedad.

Carne *kobe*

Considerada el caviar de las carnes por su marmoleo (vetas blancas visibles entretejidas en la carne).

Wagyu

El *Wagyu* es una raza bovina originaria de *Kobe*, Japón. La raza *Wagyu* viene de varias mezclas de ganado japonés predispuesto genéticamente para que produzca un marmoleo intenso. El puerto de *Kobe* es de donde se embarca para su distribución. La leyenda urbana dice que las vacas están en un *spa*; es decir, recibiendo masajes y bebiendo *sake* (bebida alcohólica obtenida por fermentación del arroz, típica en Japón). Los ganaderos japoneses agregan *sake* para ayudar a la digestión e inducir el hambre durante las estaciones húmedas del año. El masajear pudo haber sido para prevenir calambres por lo pequeño de los ranchos en Japón, ya que no tenían suficiente espacio para caminar y utilizar sus músculos.

También se le conoce en inglés como *Japanese Black*. *Wa* significa Japón y *gyu* vaca; o sea una vaca japonesa. Es una carne magnífica por su sabor, suavidad y jugosidad. Su principal característica es el alto grado de marmoleo, la infiltración de vetas de grasa en las fibras musculares. Esta grasa al calentarse se derrite y humidifica la carne agregando buen sabor.

Las principales razas son:

Español	Inglés	Japonés
Japonesa negra	*Japanese black*	黒毛和種 *Kuroge washu*
Japonesa marrón	*Japanese brown*	赤毛和種 *Akage washu o Akaushi*
Japonesa moteada	*Japanese polled*	無角和種 *Mukaku washu*
Japonesa cuernos cortos	*Japanese shorthorn*	本短角和種 *Nihon tankaku washu*

El 90% de las reses es de la variante Japonesa negra y la "Japonesa cuernos cortos" representa menos del 1%.

A mediados de los años 70 se llevaron algunos toros *Wagyu* a Estados Unidos. Veinte años después, a principios de los años 90, treinta y ocho reses fueron importadas de Japón para su reproducción. Cruzaron ganado *Angus* con ganado *Wagyu* para que sus crías fueran más fuertes y aptas para sobrevivir el clima de los Estados Unidos. ¿Por qué? Las reses *Wagyu* purasangre en Japón se crían en graneros interiores mientras que en Estados Unidos se crían al aire libre. La alimentación de Estados Unidos es una mezcla de maíz, alfalfa, cebada y paja de trigo. A las reses *Wagyu* de Japón, llevadas a los Estados Unidos y cruzadas con reses *Angus* se les conoce como *Kobe Beef* estilo americano, por cierto rechazadas por el ministro de Agricultura de Japón.

TIPOS DE CARNES

E l color es uno de los indicativos que emplean los consumidores a la hora de elegir la carne. Las carnes de aves suelen tener, por regla general, un color más claro que las de los mamíferos, que suelen ser más oscuras y de color más rojizo.

Existe una clasificación de la carne puramente culinaria que no obedece a una razón científica clara y que tiene en cuenta el color de la carne. Esta clasificación es:

Carne Roja: suele provenir de animales adultos. Por ejemplo; la carne de res (carne de bovino), la de cerdo y la de ternera. Se consideran igualmente carnes rojas a la carne de caballo y a la de ovino. Desde el punto de vista nutricional se llama carne roja a "toda aquélla que procede de mamíferos". El consumo de este tipo de carne es muy elevado en los países desarrollados y representa el 20% de la ingesta calórica. Se asocia a la aparición del cáncer en adultos que consumen cantidades relativamente altas.

Carne Blanca: se denomina así como contraposición a las carnes rojas. En general, se puede decir que es la carne de las aves (existen excepciones como la carne de avestruz). Algunos de los casos dentro de esta categoría son la carne de pollo, la carne de conejo y en ocasiones se incluye el pescado. Desde el punto de vista de la nutrición se llama carne blanca a "toda aquélla que no procede de mamíferos".

- Grasa: Blanca
- Textura: Firme, elástica y ligeramente húmeda
- Olor: Ligero y característico
- Temperatura Refrigerada: 4°C o menos
- Congelada: –18°C o menos

Grosor

E s importante mantener el mismo grosor en los cortes; así, la cocción será uniforme.

Prime rib

Cuando compres un *prime rib* asegúrate de que tenga una capa de grasa por lo menos de 1 cm de grosor; asa la carne con calor directo y coloca la grasa hacia arriba, pues esta capa se va derritiendo y bañando la carne. La impregna de sabor y mantiene la carne humidificada.

Carne de cerdo

Hoy en día la industria porcina ha adquirido el compromiso de ofrecer carne y productos de cerdo más saludables que antes y con un muy buen control de calidad. El cerdo en el continente americano desciende de dos razas de jabalíes: el silvestre y el asiático. El cerdo llega a América procedente de Europa. Hernán Cortes fue quien trajo el cerdo a México. Él introdujo la industria choricera en el Valle de Toluca. Trajo consigo a personas cuya responsabilidad era criar a los cerdos y con chicotes o delgadas ramas les pegaban para que hicieran ejercicio. El chorizo de aquella época era del color de la carne. En México se ideó agregarle chile rojo molido para darle sabor y color. Esta técnica se llevó a España y allá hicieron lo mismo, pero con pimentón.

Existen 3 tipos de dietas para la engorda de cerdos que dependen del mercado al cual se enfocará su venta:

• Para grasa o manteca. La dieta hace que el animal engrase uniformemente y las capas de grasa externa e interna puedan producir una buena cantidad de manteca.

• Para tocino. Estas razas se preparan para que su tocino tenga el grosor necesario para poder obtener el denominado "bacon" o "tocino".

• Para carne. Son animales que reciben dietas especiales para que en lugar de grasa tengan una buena cantidad de carne.

Razas de cerdos

Hampshire	Duroc	Landrace	Yorkshire	Poland China
Origen inglés	Origen estadounidense	Origen danés	Origen inglés	Origen estadounidense
Musculoso, carne magra con poca grasa en el lomo.	Buena producción cárnica.	Alto porcentaje de jamón y lomo.	Elevada cantidad de carne magra, poca grasa en el lomo.	Robusto.

Los cerdos de antes y los de ahora

Hace 40 años los cerdos eran extremadamente obesos llegando a pesar hasta 140 kilos. Hoy en día, buscando una dieta más sana, los cerdos ya no son tan pesados y contienen menos grasa, hasta un 30% menos. Inclusive, el cerdo contiene menos grasa, calorías y colesterol que una pieza de pollo con piel. Los estrictos controles de higiene desde la crianza han logrado erradicar en el cerdo la cisticercosis en él.

Consejos para evaluar una carne de cerdo:
- Color: Rosa / Rosado
- Grasa: Blanca
- Textura: Firme, elástica y ligeramente húmeda
- Olor: Ligero y característico
- Temperatura Refrigerada: +4°C ó menos
- Congelada: -18°C ó menos

Carnes de porcinos

Los cerdos son descendientes del jabalí salvaje euroasiático. Si la carne de vaca ha sido la predilección de gran número de habitantes de Europa y América, la carne de cerdo es la que más porcentaje de población ha alimentado al resto del mundo; en algunos países como China la palabra "cerdo" es entendida como un significado genérico de "carne".

La cría del cerdo tiene algunas ventajas: es relativamente pequeño, omnívoro, tiene un promedio de crecimiento bastante bueno comparado con otros animales y se consumen casi todas las partes de su organismo. Se dedica en exclusiva a la producción de carne.

Algunas desventajas sobre el consumo de carne porcina es que transmite enfermedades procedentes de parásitos y tiene un porcentaje de contenido graso relativamente alto, lo que suele ser desventajoso en la nutrición moderna.

Variedad de carnes

Existen gran número de carnes procedentes de distintas localidades; se puede decir que en su mayoría el consumo mundial de carne procede de animales domesticados para abastecer de materia prima la industria cárnica.

Una pequeña proporción procede de la carne de caza. No siempre fue así; en la antigüedad, antes de la revolución industrial, la mayoría de la carne consumida por las personas procedía de la caza, siendo la ganadería y el pastoreo una fuente menor.

Carnes de vacuno

Una de las primeras razas domésticas que pudieron abastecer al hombre respecto de sus necesidades cárnicas pudo haber sido el toro salvaje, que se extendió a lo largo de Europa. En el siglo XVII algunos ganaderos de Europa empezaron a seleccionar diversas razas bovinas para mejorar ciertas características como su leche, la capacidad y resistencia para el trabajo agrícola, la calidad de la carne, etc. De esta manera hoy en día existen razas como la francesa *Charolesa* y *Limousin*, la italiana *Chianina* de gran tamaño y las inglesas de *Herford* y *Shorthorn*.

En Estados Unidos existen razas autóctonas que proporcionan una carne con sebo entreverado (en inglés *marbling*, marmoleo en español) y que suelen proceder de animales sacrificados a la edad de 15 a 24 meses; este tipo de carne es considerado como de buena calidad por el consumidor medio estadounidense.

Carnes de ovinos y caprinos

L a carne de cordero es muy aceptada en las diversas culturas de la tierra; posiblemente fue la oveja uno de los primeros animales en ser domesticados por el hombre y es muy valorada por la producción de lana (casi un 10% de las razas la producen) y leche (empleada en la elaboración de queso).

Las especies de cordero han sido seleccionadas igualmente para proporcionar diversos subproductos como puede ser la leche o la lana. La carne de cabra es baja en grasas y resulta popular en aquellas zonas donde es importante el pastoreo.

Otras variedades de carne

E n diferentes culturas el tipo de consumo de carne varía considerablemente; está relacionado con las costumbres culinarias del lugar, la disponibilidad del animal, las tradiciones sociológicas, etc. En la cocina occidental no se hacen ciertas preparaciones por ser "poco habituales" o por ser una práctica ya abandonada, o muy localizada de ciertas áreas.

En Japón existen razas como la *shimofuri*, de carne entreverada (de la región de Kobe); algunas de estas carnes se cortan en finos filetes de 1.5 a 2 mm y se elaboran platos como el *sukiyaki* y el *shabu shabu*.

Carnes de liebres y conejos

S uelen ser animales que tradicionalmente se han considerado de caza; sus altos índices de reproducción los convierte en una especie idónea para su crianza. Se trata de una carne baja en grasas (menos del 4%) y alta en contenido proteico (más del 20%). Las piezas suelen tener alrededor de 2.5 kg de peso.

Sal

L a sal, más allá de ser un condimento, también es un aditivo que se utiliza para la conservación de los alimentos. La sal común está compuesta principalmente de cloruro sódico y sodio, que tienen funciones específicas dentro del organismo. Las ventajas de la sal son que satisface las necesidades de sodio para el equilibrio de líquidos; contribuye a hacer los alimentos más apetitosos y favorece la digestión, además de que impide la proliferación de bacterias en los alimentos. La mayor parte de los efectos, tanto benéficos como nocivos de la sal, se deben al sodio. El exceso de sal en la dieta es nocivo precisamente debido a este elemento. Entre los inconvenientes está que produce adicción y disminuye la sensibilidad de las papilas gustativas, lo que provoca que cada vez utilicemos mayor cantidad. Debido a que el exceso de sodio se debe eliminar en la orina, cuando el organismo pierde la capacidad de hacerlo y queda retenido en nuestros tejidos, la sal se convierte en un veneno.

Las necesidades mínimas diarias de sodio son 500 miligramos que quedan suficientemente cubiertas con la sal que contienen los alimentos en su estado natural, sin necesidad de añadirles nada de sal común. Como máximo, se pueden consumir 2 gramos de sal diariamente. Es importante considerar que hay sal oculta en gran número de alimentos procesados, ya que abunda como aditivo. En la comida rápida es posible encontrar aproximadamente entre 2.3 gramos de sal; en embutidos de 3-6 gramos; en el pan 1.2 gramos y en las papas fritas 2.5 gramos de sal.

Los cortes finos únicamente necesitan sal. Ahora bien, hay dos teorías sobre cuándo poner la sal; si antes o durante el asado de la carne. La primera escuela sala la carne antes de llegar a la parrilla porque les gusta que la sal se disuelva y se vuelva parte de la carne formando una capa que le dará un delicioso sabor. No lo hacen con demasiada anticipación porque la carne pierde su jugo debido a que se inicia el proceso de deshidratación.

La segunda escuela sala la carne mientras se está asando. Seguramente, ellos no están dispuestos a correr ningún tipo de riesgo de que su corte se empiece a desangrar antes de llegar a la parrilla. Mejor que espolvorear la carne con sal, lo ideal es tener lista una salmuera (agua con sal) e ir barnizando la carne con ella.

Salmuera para barnizar la carne mientras se está asando

Agua	Sal gruesa	Pimienta molida	Vinagre blanco
¼ litro o 1 taza	1 cucharada	½ cucharadita	1 cucharada
½ litro o 2 tazas	2 cucharadas	1 cucharadita	2 cucharadas
¾ litro o 3 tazas	3 cucharadas	1½ cucharaditas	3 cucharadas
1 litro o 4 tazas	4 cucharadas	2 cucharaditas	4 cucharadas

L a sal, en combinación con las especias, hacen reacción con los jugos de la carne, que al disolverse fijan los sabores que estos ingredientes poseen y determinan el gusto.

El marinado que se prepara es a base de aceite. Por lo regular todos los ingredientes al combinarlos con aceite no son de fácil disolución, pero es necesario que sea de esta forma para que el sabor esté listo y aplicarlo en la carne. La manera de obtenerlo es moliendo los ingredientes secos en un mortero o molcajete para que los mismos suelten los aceites que tienen y de esta forma sea homogénea la preparación.

También es necesario considerar que su conservación es corta y se deberá cuidar de la luz, así como de la temperatura a la que esté expuesto el preparado; la refrigeración nos ayudará a conservar los ingredientes frescos (cebolla, ajo, etc.) que se utilicen.

Es necesario que la preparación se haga por anticipado, por lo menos el día anterior, para que los ingredientes den el sabor en el aceite y siempre que se utilice genere el mismo resultado. Cuando se requiera la preparación deberás agitarla para que las partes sólidas del marinado se encuentren bien repartidas en el aceite y posteriormente, aplicarla sobre la carne.

Cuando se marine la carne con el preparado éste se podrá refrigerar durante un periodo recomendado de 3 días y en congelación hasta 30 días sin que el sabor varíe. No obstante, la apariencia de la carne sí puede manifestar algún cambio como puede ser obscurecimiento o la presencia de desjugue excesivo.

Salmuera vs. marinada

Ambas son líquidas. La salmuera, como su nombre lo indica, es agua con sal. Las marinadas se componen de tres elementos: un líquido, un ácido y saborizantes. Transforman el sabor de la comida así como la suavizan. El líquido puede ser desde agua, aceite, jugo, cerveza o vino. El ácido ayuda a romper las moléculas de la carne y suavizarla. Los saborizantes pueden ser hierbas de olor frescas o deshidratadas.

¿Durante cuánto tiempo se marina?

Entre más ácida una marinada, menos tiempo requiere. Entre más delgada una carne también menos tiempo necesita; lógicamente, entre más gruesa, más tiempo.

¿Marinar o usar una salmuera?

Las carnes blancas se dejan en salmuera. Por ejemplo, los camarones, la codorniz, el conejo, gallina, ganso, langostas, pato, pavo, pescados, pollo y ternera.

Los demás no se marinan; éstos únicamente llevan sal. Al sacarlos del asador se les puede agregar pimienta y no antes pues ésta llega a quemarse y puede amargar el corte. Los cortes delgados sí se marinan.

Marinar

Antiguamente era considerado un método de conservación de ciertos alimentos aunque hoy en día este efecto se pone en duda para algunos tipos de marinados. Es un proceso con una denominación general ya que dependiendo del ingrediente líquido en el que se sumerja, el marinado puede tener otros nombres más específicos. Por ejemplo, si es inmerso en vinagre se denomina escabeche (esta denominación es más típica de la cocina española); si es en jugo de limón u otro medio ácido se denomina cebiche (típico de las cocinas latinoamericanas) y si es en una mezcla de aceite y pimentón (dulce o picante) se denomina adobo (generalmente utilizado para las carnes). El concepto básico de marinar es sumergir un alimento en un líquido aromatizado durante un tiempo determinado, buscando que esté más suave ya que los ácidos rompen las proteínas.

Marinar implica más que darle sabor a la comida; también inhibe la formación de carcinógenos HCA cuando se asa "carne de músculo" como pollo, carne roja o pescado. De acuerdo con el Instituto Americano para investigar el cáncer (AICR) el marinar puede reducir la formación de HCA de un 92 % a un 99 % El empleo de ácidos orgánicos hace que se suavicen los tejidos, mientras que el uso de sales aumenta la preservación del alimento.

Las marinadas se componen básicamente de tres elementos:

Líquido	Ácido	Saborizante
Agua Aceite	Por lo general un líquido con alto grado de acidez: Cerveza Vino tinto o blanco Jugo de frutas Jugo de tomate	Hierbas de olor frescas Hierbas de olor deshidratadas Especias Condimentos

El limón y el vinagre son dos de los ácidos más agresivos, no es recomendable utilizarlos porque los alimentos pueden llegar ya cocidos a la parrilla. Si se desea utilizar limón en una marinada para marsicos, por ejemplo, es mejor utilizar un poco de la ralladura en la marinada y ya que esté asado el marisco se puede agregar jugo de limón.

Retira la carne, el pollo o pescado de la marinada y "sécalo" con toallas de cocina desechables antes de colocarlo en la parrilla para que no escurran líquidos en tu fuente de calor. Lo más recomendable es desechar la marinada en donde reposó el alimento, ya que contiene bacterias del alimento crudo. Si en tu planeación decides barnizar lo que estás asando, lo más recomendable es preparar el doble de la marinada y reservar el que está puesto en su lugar.

Por lo general, un corte fino y relativamente grueso como puede ser un *New York*, un *T-Bone*, un *Rib-Eye*, un *Rib-Eye* con hueso o inclusive unas costillas cargadas, en realidad lo único que necesitan es sal. La sal gruesa o de mar es mejor que la sal de mesa pues al estar menos procesada resiste mejor la alta temperatura del asador y es muy agradable descubrir una "explosión de sabor". Sin embargo, cada parrillero puede aprovechar e imprimir su toque personal, por ejemplo, agregando a la sal un poco de ajo o cebolla en polvo, pimienta molida o quebrada, pimentón para dar color o inclusive algún chile seco, quebrado o molido. Agregar sal a la carne cruda ayuda a que se haga una costra con el intenso calor de las brasas. Además, no necesariamente desjugas la carne porque por el proceso de ósmosis la sal "derretida" más los jugos de la carne, se absorben por la misma carne, dándole inclusive más sabor.

TIP:
Una marinada líquida es ideal para los cortes más delgados como los bisteces, el pollo, la carne de cerdo, los camarones y las colas de langosta.

tiempos del marinado

Entre los factores que afectan al marinado los más importantes son:
  • La temperatura; a mayor temperatura menor tiempo de marinado. Los marinados a temperatura ambiente se hacen en menor tiempo que los refrigerados. El tiempo de marinado es inversamente proporcional a la temperatura.

• El tamaño de las piezas y la superficie de contacto son un factor clave en la absorción; cuanto más pequeñas sean las piezas mayor será la absorción y menor tiempo de marinado. El tamaño de las piezas es directamente proporcional al tiempo de marinado.

¿Durante cuánto tiempo se marina?

Entre más ácida una marinada, menor el tiempo que debe permanecer el alimento en ésta, pues lo que se busca es inyectarle humedad y sabor.

¿En qué marino?

La manera más práctica de marinar es en una bolsa plástica, pues se amolda con facilidad a los espacios disponibles. Retira la carne, el pollo o pescado de la marinada y "sécalo" con toallas de cocina desechables antes de colocarlo en la parrilla a fin de no escurrir líquidos en tu fuente de calor.

¿Qué hago con la marinada que sobró?

Tírarla. Deshazte de ella. La tendencia es utilizarla para barnizar la comida mientras se está asando. Los alimentos crudos reposaron en la marinada y ésta contiene bacterias del alimento crudo. Hay quienes hierven la marinada para matar los microbios. Es mejor, si se desea barnizar la comida hacer un tanto más de marinada para uso exclusivo de los alimentos.

¿Qué se marina, qué se coloca en una salmuera, o sólo sal?

Únicamente sal	Marinar	Salmuera
Cortes finos	Bisteces	Carnes blancas
	Verduras	

ESPECIAS

Especia, también llamada condimento (del latín condimentum, de condire, sazonar) es el nombre dado a ciertos aromatizantes de origen vegetal, que se usan para preservar o sazonar los alimentos.

Técnicamente se considera una especia a las partes duras de ciertas plantas aromáticas, como las semillas o cortezas, aunque por similitud, en múltiples ocasiones también se incluye a las fragantes hojas de algunas plantas herbáceas, cuyo nombre correcto es hierbas. Eran nativas de las regiones tropicales de Asia y de las islas Molucas en Indonesia, también conocidas como islas de las Especias. Las especias usadas en la actualidad son prácticamente las mismas que se usaban en la antigüedad. Debido a sus propiedades aromatizantes es posible que alimentos insípidos o desagradables, aunque muchas veces nutritivos, pasen a ser de buen gusto y sabrosos sin perder sus propiedades nutritivas. Gran número de ellas deben tomarse con precaución porque pueden resultar tóxicas en concentraciones elevadas.

Algunas presentan compuestos incapaces de ser absorbidos por el organismo, siendo eliminados directamente; otros son destruidos por las propias enzimas digestivas. Su gran capacidad para mejorar el sabor permite que se consigan grandes efectos aromáticos y sabrosos en los alimentos con cantidades muy pequeñas. No suelen presentar aportes nutricionales, salvo raros casos en los que hay presentes minerales, como calcio o hierro, o alguna vitamina.

Se pueden clasificar las hierbas y especias en dos grupos: las que modifican, tanto el sabor, como el aspecto de los alimentos (como el azafrán, la canela, el tomillo y el romero, entre otros) y las que excitan el paladar, entre las que se encuentran la pimienta, el pimentón, la nuez moscada y las diversas variedades de chiles. La cantidad de platillos que se pueden preparar con unas y otras, tanto solas como mezcladas, es muy elevada; esto hace que las distintas cocinas de cada cultura adquieran un toque característico. Tradicionalmente, las especias son las que provienen principalmente de semillas, frutos, flores o cortezas secas. Éstas, según la parte de la planta son:

De semillas o frutos secos	De flores secas	Hierbas aromáticas	Resultante por desecación
Ajonjolí	Azafrán	Albahaca	Ajo
Almendra	Clavo de Olor	Cilantro	Apio
Anís	Cúrcuma	Estragón	Cebolla
Cardamomo	Jengibre	Eneldo	Pimentón
Cayena		Hinojo	Tomate
Comino		Laurel	
Mostaza		Mejorana	
Nuez moscada	**De cortezas vegetales**	Menta	**Resultante por desecación**
Pimentón		Salvia	
Pimienta		Orégano	
Vainilla		Perejil	
	Canela	Romero	Hierbas provenzales
		Tomillo	

Las hierbas aromáticas consideradas especias en algunas clasificaciones, provienen de hojas de plantas, pero sólo perfuman la comida. No son tan valoradas como las especias, ya que su cultivo es doméstico y relativamente fácil, pudiendo hacerse en una huerta o jardín pequeño.

Hierbas de olor

L o más económico que vas a comprar y probablemente lo más sabroso son las hierbas de olor. Las hierbas de olor frescas se guardan dentro de una bolsa de plástico y en el refrigerador. Si no las vas a usar en el futuro próximo una buena idea es ponerlas a secar al sol sobre una charola.

Las razones son:

1 No desperdicias.

2 En el futuro "en caso de una emergencia" aunque no estén frescas por lo menos tienes esas hierbas de olor que le van a dar ese toque especial a tus alimentos.

3 Se guardan en especieros limpios y secos.

4 Si no las llegas a utilizar en una receta puedes colocarlas encima de las brasas para darle ese toque ahumado con sabor u olor a la hierba.

Una simple marinada puede transformar la comida para la parrilla, se trate de carne, pescado, aves o verduras. No sólo aumenta el sabor, sino que también ayuda a impedir la pérdida de humedad. Las marinadas ácidas que contienen vino, vinagre, mostaza o jugos de cítricos, penetran y ablandan los alimentos. Las marinadas de aceite y en forma de pasta crean una capa de sabor que sella la humedad adentro, mientras que las marinadas de hierbas y especialmente aquéllas que se untan justo antes de cocinar, dan un sabor muy especial a los alimentos.

Ajo

P lanta liliácea, familia de la cebolla. Es originario de Asia Central y crece en los países cálidos. Es un excelente bactericida y purificador de los intestinos y de la sangre, previene el resfriado y regula la tensión arterial. Los usos gastronómicos son muy variados: se utiliza fresco, seco y en polvo; da buen sabor a todo tipo de carnes, pescados y mariscos.

El ajo es una hortaliza que pertenece a la misma familia que las cebollas y las liliáceas y se cultiva desde hace miles de años. En el siglo VIII A.C. el ajo crecía en los jardines de Babilonia. También se ha encontrado en escrituras chinas del año 3,000 A.C. Seguramente llega a Europa a través de tribus nómadas y después a América por conducto de los conquistadores.

La primera huelga en el planeta tierra se debió al ajo; sucedió en Egipto cuando a los esclavos que estaban trabajando construyendo las pirámides no les dieron su ración. Lo consumían porque le adjudicaban propiedades energizantes. Además, se le consideraba un alimento con beneficios medicinales, de carácter comercial e inclusive sagrado. Se nombraba en ritos y juramentos y los ponían en las tumbas de los faraones para alejar a los malos espíritus (quizá por su olor). Esta idea no era exclusiva de los egipcios, también en Grecia y Roma lo utilizaban para alejar a las brujas, vampiros y las malas vibras. Se creía que al masticarlo crudo daba más fuerza.

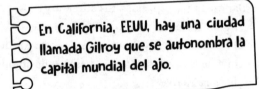

En California, EEUU, hay una ciudad llamada Gilroy que se autonombra la capital mundial del ajo.

Albahaca

L a albahaca se utiliza en ensaladas, preparación de quesos, sopas, carnes y pescados, sola o acompañada de otras hierbas aromáticas como el romero y la salvia. Aunque se atribuye el cultivo de la albahaca a los italianos ¿quién concibe una pizza margarita sin albahaca? Sin embargo, su origen es oriental.

Cebollín

P ertenece a la familia de las cebollas. No posee bulbos y, por tanto, la única parte comestible son las hojas que suelen usarse picadas para adornos, como condimento de aliño, en sopas y hasta en la tradicional hayaca.

Chile

Los chiles se usan ya sea frescos, maduros o verdes. Secos, enteros, picados, en hojuelas o en polvo. Su aroma y sabor característicos esenciales son el picante. El chile serrano, el guajillo y el de árbol son ideales para salsas, el jalapeño se usa frecuentemente en encurtidos, el habanero en salsas muy picantes, el poblano para rellenar, el chile güero en salsas frescas. El chile ancho seco se utiliza también para rellenar, el chipotle –que es un jalapeño seco– es ideal para salsas y encurtidos.

Cilantro

También llamado coriandro es originario de China, India y Tailandia. Combinado con otras especias aromáticas se utiliza en la elaboración de embutidos y toda clase de charcutería. A las salsas le da un toque fresco y delicioso.

Eneldo

Especie aromática, originaria de las regiones orientales de la cuenca mediterránea. Se utiliza como condimento de carnes y pescados. Se utilizan las hojas y los frutos o semillas en la preparación de tartas y postres, así como para encurtir. Las hojas añaden sabor a salsas de nata y platos de pescado.

Laurel

Son hojas color verde obscuro. Para usarlas deben estar secas, de lo contrario se les forma moho.

Menta

Existen más de 600 variedades de menta; la más conocida es la hierbabuena.

Mostaza

Son semillas que se secan y se muelen para hacer la mostaza; hay presentaciones de mostaza en polvo y en pasta.

Orégano

Planta aromática cuyas hojas y flores se utilizan como tónico o condimento.

Perejil

Es uno de los sabores mediterráneos, donde tiene su origen. Existen dos variedades: rizado que sobre todo se usa como guarnición por su hermoso follaje y el liso, de sabor más pronunciado; el perejil liso se parece mucho al cilantro, la diferencia está en su delicado aroma. El perejil chino se usa principalmente para adornar platillos.

Pimienta

Es una de las especias más utilizadas y que condimenta casi todas las preparaciones.
• **Pimienta blanca:** Son las bayas maduras, sin cáscara y secas de la planta que se remojan. Se utilizan para sazonar platillos de carne, pollo, pescado, para salsas y platillos de colores claros.

• **Pimienta de Jamaica:** También conocida como pimienta dulce. Su sabor es una mezcla entre el clavo de olor, la pimienta, la canela y la nuez moscada. Se utilizan las bayas secas, enteras o molidas en encurtidos, escabeches y otros guisos, así como en pasteles y galletas. Se usa en ocasiones mezclada con pimienta negra.

• **Pimienta negra:** Son las bayas no maduras de las plantas y secadas al sol; se utilizan en grano o en polvo para sazonar platillos de carne, pollo y, en general, de alto contenido proteico. Su sabor es el más fuerte de todas las bayas de la planta.

• **Pimienta rosa:** Nada que ver con el resto de las pimientas. Se utilizan pequeñas cantidades de bayas secas, de aspecto y sabor semejante a las del pimiento, para condimentar platillos de aves, pescado o vegetales.

• **Pimienta verde:** Son las bayas inmaduras de la planta. Se utilizan para sazonar platillos de carne y guisos. Su sabor es más suave que el de la pimienta negra.

• **Pimienta roja o pimienta de cayena:** llamada así por la ciudad de Cayena en Guayana Francesa. Condimento que se prepara con chile el cual se seca, se muele finamente y se le añaden hojas de azafrán pulverizadas, tomillo, albahaca, orégano, ajo en polvo y tabasco.

Pimentón

El pimentón es un condimento en polvo de color rojo y sabor característico obtenido a partir del secado y molido de determinadas variedades de pimientos rojos.

Romero

Hierba aromática excelente en paellas, guisos de pescado o pollo.

Tomillo

Hierba aromática mediterránea muy especial que se puede utilizar en pequeña cantidad en sopas, puré de papas, lentejas y en algunas salsas italianas.

ENSALADAS

Si estás a dieta y no deseas acompañar tu carne con guacamole, queso flameado con chorizo o frijoles charros, puedes hacer una ensalada. Siempre he sido fanático de las ensaladas, considero que son el complemento perfecto para una buena carne asada, además de que son benéficas para nuestro cuerpo. El problema es que a menudo me encuentro con personas que o no les gustan las ensaladas o no las saben preparar, por eso les dedico este mensaje y la receta a todos aquéllos que aún no saben que el verde es vida.

Fernando Solís Cámara Rosas, quien además de ser arquitecto es un gran aficionado a las parrilladas, me comentó que lo primero en una buena ensalada es la base. Se debe preparar con algo fresco y el ingrediente ideal son las lechugas en sus múltiples variedades (romana, orejona, italiana, escarola...etc.) o las espinacas frescas; se pueden dejar las hojas enteras o bien se pueden rebanar o partir ligeramente. Lo siguiente es el color. Entonces se agrega zanahoria, tomate o col morada, calabacitas, champiñones, o aguacate; obviamente en una cantidad menor que "la base". Lo mejor de la ensalada es que siempre se puede usar lo que tenemos a la mano, lo fresco, lo que está en temporada y además, resulta más económico. De ahí sigue el sabor... es decir, la cebolla, el cebollín, tal vez un poco de pimiento en cualquiera de sus presentaciones. Luego vamos a lo exótico... no hay nada mejor que incluir siempre un sabor dulce para contrastar, es decir "la fruta"; un pedazo de kiwi o de mango en temporada, o cerezas frescas, mandarinas, peras, manzanas, fresas... en fin, lo que tengamos a la mano. A mí me gusta siempre agregar un poco de semillas o nueces, como el ajonjolí, la semilla de girasol o las pepitas. Siempre es mejor si doramos ligeramente estos ingredientes al igual que las nueces que pueden ser de castilla, encarceladas, de la India o incluso piñones. Lo que se nos antoje. Ahora pasamos a los detalles suculentos que pueden ser trocitos de tocino bien dorados o queso, ya sea roquefort, parmesano o incluso el cottage... La idea es sorprender un poco al comensal. Y para mezclar todo tenemos los aderezos: aceite de oliva, vinagre balsámico, el jugo de limón o si ya somos más experimentados, las vinagretas. También son deliciosos los aderezos cremosos a base de yogur, crema de aguacate o el muy famoso "mil islas", roquefort, diosa verde, césar, *ranch*... En fin, la imaginación es el límite.

TIP:
Te sugiero no agregar el aderezo a la ensalada; es mejor que cada comensal lo haga en su plato ya que si sobra ensalada se conserva bien si el aderezo lo dejamos aparte.

Es siempre importante recordar los puntos básicos que son:
- La base verde: lechuga, espinaca o arúgula
- El color: zanahoria o cualquier otro vegetal
- El sabor: cebolla fresca o cebollines
- El toque dulce: fruta, pasitas o arándanos
- Las semillas o nueces: ajonjolí, girasol, pepitas o nueces
- La sorpresa: queso, tocino, jamón o anchoas
- El aderezo: vinagreta o crema; ustedes deciden

Brochetas

• Cuando preparas las clásicas brochetas intercalando diferentes ingredientes, por lo general uno de los ingredientes se quema y los demás siguen crudos. Es más fácil, por lo tanto, preparar brochetas de un sólo ingrediente; porque ensartarlos es más rápido y te permite dar a cada brocheta la cocción necesaria en el asador asegurando el término correcto.

• Trata de que los pimientos, cebollas y carne en cada pincho sean del mismo tamaño para asegurar una cocción uniforme mientras se asan.

• Si no eres muy afecto a las carnes puedes hacer brochetas en todas sus especialidades. Para ello combina pedazos de filete con cuadros de cebolla, pimiento morrón o chile poblano y tocino.

• Si no deseas elaborarlas con carne de res hazlas con cuadros de pechuga de pollo combinándolos con los mismos ingredientes o, en lugar de pollo, mejor opta por pedazos de pescado o camarones.

• Otra idea es hacer una brocheta vegetariana a base de verduras como champiñones, calabacitas, pimientos, cebolla y berenjenas.

Satay

Tradicionales brochetas de Asia; de un sólo ingrediente el cual te lo puedes comer rápidamente. Utiliza pinchos desechables de bambú. Remoja éstos antes en agua para ayudar a que no se quemen tan pronto en la parrilla. Cuando ases las *satays* coloca la parte con la carne encima de las brasas y el mango afuera del asador para evitar que se quemen. También asegúrate que el borde del asador no queme los mangos.

Hamburguesas

Las venden congeladas, pero es mucho mejor moler la carne y prepararlas en casa. ¿El secreto? La calidad de la carne. Desde molida especial hasta sirloin. El segundo secreto para unas jugosas hamburguesas es la grasa. Tiene que tener por lo menos un mínimo de 10% de grasa y un máximo de 20% para que no queden secas.

Tipo de hamburguesa que se desea	Cantidad	Cantidad
	800 a 900 gramos	200 a 100 gramos
Jugosa con sabor	Molida de res	Tocino crudo
Jugosa con sabor II	Molida de res	Chorizo crudo
Jugosa sana	Molida de res	Jitomate crudo picado
Jugosa sana II	Molida de res	Soya hidratada

Sazona la carne molida con sal y pimienta. Le puedes agregar jugo sazonador o salsa inglesa y mostaza amarrilla. Un gran número de personas le pone un huevo crudo batido para que se pegue la carne, pero con la grasa ya no es necesario. No debe manipularse mucho la carne porque se puede llegar a maltratar y poner dura. Presionar las hamburguesas mientras se están asando no acelera la cocción. Al contrario, lo único que se está haciendo es eliminar los jugos de la carne y quedarán secas.

Las hamburguesas se sirven bien cocidas. No es sano servirlas medio cocidas ni tres cuartos porque al estar molida la carne, si llegara a tener la bacteria E-Coli, no se muere al estar cruda o semi cruda.

Recomendaciones

• Sazonar individualmente cada hamburguesa evita tener que pesar la carne si la mezclas toda.

• Congela individualmente las hamburguesas crudas que no ocupes en bolsas con cierre pequeñas.

• La carne molida cruda puede contener la bacteria E-Coli y para evitar que tu familia e invitados se enfermen, las hamburguesas siempre se tienen que servir bien cocidas.

• En la mesa ten los condimentos, el queso, la lechuga y jitomate para que cada quien se prepare la hamburguesa a su gusto.

Embutidos y chorizos

El chorizo crudo es para cocinar. El semi curado es para el asador. El fresco tipo argentino para la parrilla. Los chorizos ya curados o salchichas ya cocidas sólo necesitan calentarse. Si el chorizo es fresco y está crudo es necesario picar la piel con un palillo para evitar que exploten. Los chorizos tradicionales se hacen con la tripa del cerdo, la cual se puede comer. Los chorizos, al ser grasosos, sueltan mucha grasa y pueden causar llamaradas en el asador. Por esa razón es importante no llenar el asador con chorizos.

PESCADOS Y MARISCOS

Salmón

El salmón es el pescado que más ordenan las personas en los restaurantes. Probablemente por su sabor, textura y por la gran variedad de maneras en que se puede preparar. Es rico en nutrientes, grasas, omega-3 (buena para el corazón y el sistema nervioso).

El salmón es apreciado por su contenido de grasas, que siempre corresponde con la intensidad de su sabor en la boca (no necesariamente con el mejor sabor). Las cinco principales variedades de salmón del pacifico en orden de mayor cantidad de grasa:

Nombre	Peso
King (*chinook*)	50 kilos
Sockeye (rojo)	3 Kilos
Coho (plata)	7 kilos
Pink (jorobado)	2 kilos
Chum (*dog*)	4.5 kilos

Limpieza del salmón

Por lo general las pescaderías venden el salmón en lonjas largas con piel. El salmón se retira de su empaque y se coloca encima de un tazón volteado. De esta manera podemos ver si tiene espinas. Si las hubiera, éstas se retiran con unas pinzas. Una vez que nos aseguremos que no tiene espinas, el salmón se enjuaga bajo un chorro de agua fría y se seca con toallas de cocina desechables.

El salmón por lo general tarda muy poco en cocinarse. Siempre debe colocarse con la piel encima de la parrilla y lo más importante: ¡No lo toques! Es recomendable utilizar una espátula para pescado y no las clásicas pinzas largas para el asador, porque éstas rompen su delicada carne. Desliza la espátula debajo del salmón, levántalo y retíralo de la parrilla una vez que esté listo. Si el salmón que compraste no tiene piel, colócalo crudo sobre una reja engrasada sobre la parrilla para evitar que se pegue y se rompa al momento de desprenderlo. El salmón crudo tiene un color rojizo translúcido y una consistencia gelatinosa; ya cocido tiene un color rosado opaco y textura firme.

Atún

Si lo deseas, puedes marinar el atún en una bolsa grande de cierre hermético cuidando de no romper las porciones o en un refractario de vidrio cubierto con plástico transparente para envolver. Siempre mantén refrigerado el atún mientras se marina.

• Para preparar la marinada, a 1 taza de aceite de oliva agrega 3 cucharadas de hierbas de olor picadas si son frescas o 1½ si son secas y salpimienta al gusto. Frota las especias secas entre tus manos para resaltar el sabor. Desecha la marinada después de utilizarla.

• Es recomendable utilizar una espátula para pescado y no las clásicas pinzas largas para el asador porque éstas rompen las porciones. Desliza la espátula debajo de cada porción, levanta y voltea.

• El atún es ideal para lograr términos de cocción como en la carne; desde únicamente sellarlo hasta prepararlo bien cocido, dependiendo del gusto de cada comensal.

Mariscada

• El músculo del callo de hacha es duro y por eso hay que quitarlo.

• Dejar remojando los camarones 30 minutos en agua salada fría (2 cucharadas de sal por cada litro de agua) ayuda a que no se sequen.

• Marinar es importante porque además de agregar sabor, el aceite proporciona humedad y evita que se resequen los mariscos con el calor de las brasas, sobre todo el callo de hacha que es casi pura proteína.

• Bañar los mariscos varias veces mientras se están asando ayuda a que no se resequen.

• Utilizar dos pinchos por cada brocheta evita que los camarones giren.

• Si utilizas pinchos de madera o ramas de romero, coloca una hoja de papel aluminio doblada debajo de los pinchos para evitar que se quemen.

• Puedes armar brochetas únicamente de camarón y otras de callo de hacha.

• Si decides asar los camarones sin pelarlos es recomendable, antes de ensartarlos en los pinchos, cortarles el caparazón a lo largo por el lomo, retirar la vena negra y de esta manera serán fáciles de pelar en la mesa.

Pescado zarandeado

S i alguno de tus invitados no es muy afecto a la carne, ásale un delicioso pescado abierto en mariposa (así lo puedes pedir en la pescadería) utilizando una zaranda como la que se ilustra en la página 38; úntale mayonesa y marínalo dos minutos en el adobo de tu preferencia (puede ser chile pasilla, chile ancho, tomate y comino, todo licuado y frito, preferentemente en manteca). Ahora colócalo en la parrilla y, con el mismo marinado que te quedó, ve dándole brochazos para que tome más sabor.

Limones asados

L os mariscos asados saben deliciosos y en México nos encanta exprimirles jugo de limón. Si asas los limones partidos, la parte plana con el jugo sobre la parrilla, además de darle el toque ácido que tanto apreciamos y disfrutamos no enfriamos el marisco.

¿Cómo escoger pescado?

E l Chef Mark Ainsworth en su libro *Fish and Seafood* quien por cierto me dio clases en un taller en el CIA-Culinary Institute of America en Hyde, Nueva York, dice que nos debemos fijar en 6 puntos clave para comprar pescado fresco:
- Ojos transparentes / claros.
- Agallas de color rojo.
- Aroma fresco: a mar.
- Carne firme (no suave ni esponjosa); si presionas la carne con el dedo, fíjate que ésta se regrese y no se quede hundida.
- Filetes húmedos y brillantes con escamas firmes.
- El tronco no debe estar quemado.

En México nos encanta comprar huachinango o robalo porque se encuentran frescos todo el año aunque podemos comprar otras especies no tan caras y deliciosas para la parrilla; inclusive, algunas son ideales para ahumar.

Algunos peces de México (aguas dulces y saladas) ideales para el asador

Especie	Características	Temporada	Sugerencias para su preparacion
Atún aleta amarilla	Golfo y Península de Baja California.	Todo el año, con más frecuencia en mayo, agosto y diciembre.	El más fino de los atunes. Es el clásico para preparar *sashimi*. Sin embargo, una posta de atún a las brasas no tiene comparación cuando se prepara en un sartén.
Atún aleta azul	Golfo de México y del Pacífico.	Mayo a agosto	También utilizado en cebiches.
Bonito	Sin escamas, similar a los atunes; su carne compacta es de color oscuro, grasosa, abundante y sin espinas.	Marzo a octubre.	Asado al romero es delicioso.
Carpa	En México hay tres especies de carpa: la carpa común, la carpa de Israel y la carpa herbívora.	Todo el año.	Puede asarse al carbón con todo y sus escamas.
Corvina	Del Golfo de México y el Caribe. Carne blanca y textura firme con pocas espinas.	Todo el año.	Ideal para freír o asar entero.
Dorado	Carne azul de color ligeramente grisáceo, sin espinas.	Todo el año, principalmente en octubre.	Ideal para ahumar.
Esmedregal	Del Golfo de México. Carne firme y blanca.	Todo el año.	Ideal para escabaches y *sashimi*. Los filetes se pueden freír o asar.
Huauchinango del Golfo	Del Golfo de México. Su carne es blanca, magra y muy fina. Su piel es de color uniforme.	Todo el año.	El clásico abierto en mariposa, zarandeado para preparar a la talla.
Macarela	Del Golfo de México. Baja California y Golfo de California. De carne oscura, grasosa.	De julio a septiembre y de abril a junio.	Ideal para ahumar

Especie	Características	Temporada	Sugerencias para su preparacion
Mero	Del Golfo de México. Pacífico y la península yucateca. Hay 400 especies de peces de la familia de los serránidos como mero serrano, chema, abadejo, cabrilla, etcétera. Su carne es blanca abundante, firme y ligeramente grasosa.	Marzo a diciembre.	Un grueso filete de mero asado es delicioso.
Pámpano	Del Golfo de México. Pescado aplanado, de carne oscura muy apreciado por su fino sabor y carne firme.	Octubre a mayo.	La carne tiene vetas rojas; ideal para asar.
Pargo colorado y Pargo prieto	Del Golfo de México y Caribe. La diferencia básica está en el color de su piel.	Octubre a mayo.	Delicioso asado.
Robalo	De las costas de Tampico y el Golfo de México. Carne blanca, grasosa que se distingue por minúsculas venas negras, jugosa y firme.	Todo el año.	Un pescado muy fino y apreciado.
Sardina	La sardina más abundante en nuestras costas es la llamada Monterrey; su carne es color gris oscuro, grasosa y con espinas.	Todo el año.	No hay nada más sabroso que unas sardinas frescas asadas.
Sierra	Del Golfo de México. Carne oscura de sabor definido y suave.	Marzo a mayo; octubre a diciembre.	Es el clásico para los cebiches. ¿Por qué no asarlo primero y después hacer un delicioso cebiche? Tendrás un cebiche diferente.
Trucha arcoiris	La trucha se encuentra en Durango. Chihuahua, Chiapas, Michoacán, Edo. de México, Puebla y Norte de Baja California. Se le llama arcoiris por el color de su cuerpo gris azulado; habita en ríos cristalinos y caudalosos.	Julio a septiembre.	Ideal para ahumar o empapelar.

¿Puedo asar el pescado directamente sobre la parrilla?

Corres el riesgo que se pegue y termines con un delicioso picadillo. Si no tienes una zaranda coloca el pescado sobre las barras del asador perpendicularmente. Lo volteas una sola vez y lo sirves del lado que lo asaste primero, viendo hacia arriba.

¿Cuál es el mejor pescado para asar?

Lo ideal son los pescados enteros y no muy grandes, busca uno mediano o dos pequeños.

¿Puedo dejar las escamas?

Sí, sobre todo si vas a asar el pescado sin zaranda. La piel junto con las escamas tiende a pegarse a la parrilla. Necesitaras una espátula para levantar la carne del pescado una vez asado.

¿Cuánto se tarda el pescado en estar listo?

Por cada dos y medio centímetros de grosor necesitas aproximadamente cinco minutos de cocción por lado. Y calcula media hora por cada kilo de pescado.

Pescado envuelto en hojas de plátano

Unta un poco de aceite de oliva o mantequilla y agrega hierbas frescas o secas (romero, tomillo, hinojo, epazote) sobre el pescado. Envuelve en hojas de plátano como hacían en el México prehispánico; las hojas conservan la humedad, impregnan el pescado con un ligero toque ahumado en la medida en que se van quemando las hojas. Antes de envolver el pescado en las hojas de plátano pásalas por encima del calor de las brasas para suavizarlas y que no se rompan al envolver el pescado.

Camarones

Los camarones se venden frescos y congelados. La medida U viene del vocablo inglés under (debajo) entonces un U-10 quiere decir menos de 10 camarones por libra (recordemos que una libra equivale a unos 450 gramos). Entre más grande el camarón, más caro.

Cada vez que encargamos o compramos camarones, los pedimos por un número que se expresa en fracción: llámese 51/60, 36/40 o 16/20 e ignoramos lo que esto significa. Simplemente esos números son la expresión de la cantidad aproximada de camarones que encontraremos en la compra. Este sistema de medida fue diseñado en Estados Unidos para organizar el tamaño de estos crustáceos. En pocas palabras, los números significan la cantidad de camarones por libra; recordemos que una libra equivale a unos 450 gramos. Ejemplo: en una bolsa de camarón 36/40, sabremos que hay entre 36 y 40 camarones por libra, es decir, entre 70 y 80 camarones por kilo. A medida que el número de calibre sea menor, mayor será el tamaño del camarón.

Como dato importante, encontramos en el mercado calibres del tipo Colosal o Extra colosal con el numero: U2, U4, U10 y U12. Es decir que encontramos entre 2, 4, 10 y 12 camarones por libra respectivamente. Un gran tamaño.

Tamaño	Cantidad por libra, crudos y sin cabeza
Extra colosal	U 10
Colosal	U 12
Extra jumbo	16/20
Jumbo	21/25
Extra grande	26/30
Grande	31/35
Mediano grande	36/40
Mediano	41/50
Pequeño	51/60
Extra pequeño	61/70

¿Asar camarones con cáscara o sin cáscara?

Con cáscara	Sin cáscara
Más sabor.	Menos sabor.
Ligeramente más protección en el momento de asar.	Se asan más rápido.
Complicados para comer pues se tienen que pelar.	Muy fáciles de comer.

Langostas

Éstas se deben comprar vivas, hervidas o congeladas. La carne se descompone rápidamente una vez que están muertas. Eliminar la cabeza ayuda a que su descomposición sea más lenta; por eso normalmente encontramos colas de langostas.

¿Cómo aso colas de langosta?

Si están congeladas pásalas al refrigerador por lo menos 24 horas antes de querer asarlas. Coloca la cola con sus patas sobre la tabla de picar. Con unas tijeras de cocina o un cuchillo corta el caparazón longitudinalmente y corta la carne. Retira la vena negra. Abre la cola en mariposa. Utiliza la marinada de los camarones.

Pulpo

El pulpo a las brasas es delicioso. Sin embargo, es más fácil prepararlo si éste llega cocido a la parrilla. Realmente lo único que se necesita es calentarlo en el asador. Puedes untar un poco de aceite de oliva para que no se pegue a la parrilla.

Pollo

- Color: Blanco
- Grasa: Blanca
- Textura: Firme, elástica y ligeramente húmeda
- Olor: Ligero y característico
- Temperatura Refrigerada: 4 °C o menos
- Congelada: -18 °C o menos

Mal estado

- Verdosa o café oscura
- Descolorida y de grasa amarilla
- Superficie viscosa o con lama
- Mal olor, fuerte y penetrante
- Sin signos de congelación

Salsa BBQ

Después de pasar más de 5 horas en la cocina tratando de preparar una salsa BBQ y al terminar descubrir que no tenía la consistencia deseada, decidí que lo mejor de ahora en adelante era utilizar como base cualquier marca comercial y agregarle mi toque especial. Prepara tu propia salsa BBQ utilizando como base ¾ de taza de salsa BBQ de la marca de tu preferencia y ¼ de taza de miel de abeja natural. Agrega jugo sazonador y salsa inglesa a tu gusto. Sal y pimienta y para un toque picante chile chipotle adobado molido.

TIP:
Por el alto contenido de azúcar en la salsa BBQ ésta tiende a quemarse dejando un sabor amargo. Por lo tanto, es importante agregarla al final, una vez que el pollo esté asado.

Primera receta. Una de las recetas más antiguas para preparar salsa BBQ data de 1913 y fue elaborada en Rhode Island.

Antecedente primario. Aunque en Estados Unidos existen gran variedad de salsas BBQ, casi todas se basan en una preparación hecha en Carolina del Norte.

Gran presencia. El 80% de los hogares en Estados Unidos cuenta con un asador, de acuerdo a la Heart, Patio & Barbecue Association .

Mes completo. Estados Unidos celebra cada año durante todo el mes de mayo "El mes nacional de la salsa BBQ".

Gusto presidencial. Lyndon B. Johnson fue el primer presidente en llevar salsa BBQ a la Casa Blanca; esto ocurrió en los años 60; su favorita era la versión texana.

En crecimiento. En cinco años –contando hasta diciembre de 2013– la industria de la salsa BBQ generó 2.7 mil millones de dólares en Estados Unidos.

Diferentes preparaciones. Aunque la salsa BBQ se usa principalmente en costillitas de cerdo y carnes rojas, en Estados Unidos es común usarla para elaborar otros platillos como frijoles dulces.

VERDURAS

Temporalidad de legumbres y hortalizas	Ene	Feb	Mar	Abr	May	Jun	Jul	Ago	Sep	Oct	Nov	Dic
Calabacita		✔	✔	✔				✔	✔	✔		
Cebolla				✔	✔			✔	✔	✔	✔	✔
Chayote		✔	✔	✔	✔	✔	✔	✔				
Chile poblano	✔	✔				✔	✔	✔	✔	✔	✔	
Chile serrano (verde)		✔	✔	✔				✔	✔	✔		
Ejote		✔	✔								✔	
Frijol		✔	✔								✔	
Jitomate		✔	✔	✔						✔	✔	✔
Lechuga					✔	✔		✔	✔			
Col					✔	✔		✔	✔			
Nopales			✔	✔	✔	✔	✔	✔	✔	✔	✔	
Chícharo		✔	✔	✔	✔	✔	✔	✔	✔			
Papa y otros tubérculos			✔	✔	✔				✔	✔	✔	

Cebollas

Existen muchas maneras de asar cebollas. Utilizando la técnica prehispánica, entierra las cebollas directamente en las brasas. Se quemarán completamente por fuera, perderás un 20% de la cebolla, pero al partirlas tendrás unas deliciosas cebollas asadas. Retira la parte tatemada.

Puedes partir la cebolla a la mitad o en tres partes iguales si es muy grande y atravesar un pincho para evitar que los aros se desbaraten. Barniza con un poco de aceite y colócalas en la parrilla.

Otra manera es partir la cebolla en medias lunas, colocarlas en un papel aluminio, agregarle un chorro pequeño de aceite, jugo sazonador, salpimentar y un chile verde en rodajas (opcional). Coloca el paquete sobre la parrilla.

Espárragos

Ensartar los espárragos con pinchos facilita voltearlos en la parrilla y evita que se caigan a las brasas. Dejarlos remojando en agua ayuda a que no se deshidraten con el calor de las brasas.

Papas asadas

Picar las papas evita que exploten con el calor. Si agregas pedazos de madera sobre las brasas previamente remojados en agua por lo menos una hora, lograrás impregnarles a las papas un delicioso sabor ahumado. Es importante no cubrirlas con papel aluminio porque así no absorben el humo.

Alcachofas

Son verduras deliciosas y a la parrilla todavía más. La única forma de hacerlas a la parrilla es que ya estén cocidas previamente. Córtalas a la mitad, barniza con limón para evitar que se oxiden, colócalas en una olla con vapor (como si fueran tamales). Pon los limones partidos dentro del agua. Después de 1 hora sabrás que ya están listas si puedes retirar las hojas. Retira también los pelitos del centro. Barniza con aceite antes de colocarlas en la parrilla.

Calabacitas

Pártelas longitudinalmente y con un pelador de papas retira dos o tres capas del lado curvo para evitar que se resbalen en la parrilla.

TIEMPOS DE COCCIÓN DE LOS ALIMENTOS

CARNE				TÉRMINO		
	Grosor	Método	Calor	Crudo 60°C	Crudo 70°C	Bien cocido 75°C
Corte fino de res	1.5 cm	Directo	Alto	1 a 2 min. por lado	2 a 3 min. por lado	3 a 4 min. por lado
Corte fino de res	2.5 cm	Directo	Alto	3 a 4 min. por lado	4 a 6 min. por lado	6 a 7 min. por lado
Corte fino de res	4.0 cm	Directo	Alto	4 a 6 min. por lado	6 a 8 min. por lado	8 a 9 min. por lado
Bisteces	½ cm	Directo	Alto	2 a 3 min. por lado	4 a 5 min. por lado	6 a 7 min. por lado
Cecina de res	0.5 cm	Directo	Alto			1 a 1½ min. por lado
Cecina de cerdo (adobada)	0.7 cm	Directo	Alto			1 a 2 min. por lado
Costillas, lomos, *prime rib*	1 a 1.5 Kg	Indirecto	Alto	45 min.	1 hora	
	2 a 2.5 Kg	Indirecto	Alto	1 hora	1 ¼ hora	
	2.5 a 3 kg	Indirecto	Medio	1 a 1½ hora	1 ½ a 2 horas	

IMPORTANTE:

• Procura que todos los cortes tengan el mismo grosor. Esto ayudará a que la cocción sea pareja.

• Coloca la carne de mayor tamaño y grosor sobre la parte de la parrilla que esté más caliente. Mueve lo que se está asando más rápidamente a las áreas menos calientes de la parrilla.

• Un buen indicador de que es momento de voltear la carne es cuando veas salir jugos de su superficie. Si no estás seguro de en qué momento retirarla, coloca un corte en alguna parte de la parrilla que esté "fría" o en tu mesa de trabajo y córtalo con un cuchillo para ver el punto de cocción. Es mejor regresarlo a la parrilla para que se termine de asar a que se cueza de más.

• No utilices un tenedor para voltear la carne porque la perforación hará que pierda jugo y se seque. Usa pinzas como las del pan.

POLLO

**BIEN COCIDO
80° C**

PIEZA	METODO	CALOR	TIEMPO
Entero	Indirecto	Medio	1¼ a 1½ hora
Mariposa	Directo	Medio caliente	45 a 60 min.
Pechuga sin hueso	Directo	Alto	4 a 6 min. por lado
Pechuga con hueso	Directo	Medio caliente	8 a 10 min. por lado
Alitas	Directo	Medio caliente	6 a 8 min. por lado
Pierna y muslo	Directo	Medio caliente	8 a 10 min. por lado
Piernas	Directo	Medio caliente	8 a 10 min. por lado

PESCADO Y MARISCOS

PIEZA	PESO	MÉTODO	CALOR	COCIDO
Pescado entero	½ a 1 kg	Directo	Medio alto	6 a 10 min. por cada ½ kg
Pescado entero	1.5 a 2.5 Kg	Indirecto	Medio	12 a 15 min. por cada ½ kg
Filetes	1.5 cm	Directo	Alto	2 a 4 min. por lado
Filetes	2.5 cm	Directo	Alto	3 a 6 min. por lado
Camarones sin cáscara	U 10	Directo	Alto	2 min. por lado
Camarones con cáscara	U 10	Directo	Alto	3 min. por lado
Callo de hacha ½ langosta		Directo	Alto	2 a 3 min. por lado
Colas		Directo	Alto	6 a 8 min. por lado
de langosta		Directo	Alto	6 a 8 min. por lado

VERDURAS

VERDURA	MÉTODO	CALOR	TIEMPO
Berenjena	Directo	Alto	10 a 15 min.
Calabacitas rebanadas	Directo	Alto	4 a 6 min. por lado
Cebollas en cuartos	Directo	Alto	10 a 12 min.
Cebollas en rodajas / cambray	Directo	Alto	4 a 8 min.
Elote	Directo	Alto	8 a 12 min.
Espárragos	Directo	Alto	6 a 8 min.
Jitomates enteros	Directo	Alto	8 a 10 min.
Jitomates rebanados	Directo	Alto	2 a 4 min.
Pimientos enteros	Directo	Alto	15 a 20 min.
Hongo portobello	Directo	Alto	4 a 6 min. por lado

BEBIDAS

Bar

BEBIDAS ALCOHÓLICAS	MEZCLADORES	VASOS	ELEMENTOS PARA DECORAR
- Cerveza	- Agua	- Vasos jaiboleros	- Hojas frescas de menta
- Ginebra	- Agua mineralizada	- Vasos tequileros	- Aceitunas
- Ron	- Agua tónica	- Vasos bajitos y	- Rodajas de limones
- Tequila	(quina)	anchos, son los	- Rodajas de naranjas
- Vodka	- Coca-Cola	vasos típicos para	
- Whisky	(light / normal)	beber whisky	
- Vino blanco	- Jugos		
- Vino tinto			

Aquí viene el dilema: servir "la bebida de la casa" o permitir que cada invitado tome lo que desee. El buen anfitrión no obliga a que sus invitados beban sangría o clericot. Al final, lo que no se consuma o lo acabas tirando (lo cual implica un desperdicio) o terminará estorbando en el refrigerador. Si hay todo un bar disponible y además preparas la "bebida de la casa", no te sorprendas de que esta última se quede en la jarra.

Vinos

Para algunos es la proteína liquida. Sin embargo, por ser éste un manual de parrilladas no vamos a entrar al milenario mundo del vino. Lo que sí se puede afirmar es que los taninos que se encuentran en el vino ayudan a combatir el colesterol que se acumula en la grasa de la carne. No hay un vino mejor que otro. Todos nacen jóvenes. Algunos están hechos para que se beban jóvenes y otros, para que se añejen.

Tradicionalmente, los blancos se sirven con pescado y mariscos y los rojos con carne. Sin embargo, es aconsejable, y correcto servir de los dos y que cada quien escoja el que más le agrade. Lo importante es que el vino no opaque al asado ni el asado al vino.

Lo que sí es recomendable cuando ya conoces un vino que te agrada, tanto de sabor como de precio, es comprar una caja y conservarla siempre a la mano para cuando se ofrezca. Lo que me resta decir es lo que dijo Bernardo Piuma, una reflexión que es al mismo tiempo un juego de palabras: "El que al mundo vino y no toma vino, ¿a qué vino?". Y como dice mi amigo Gerardo Hernández, gran parrillero por cierto: "Copas que no chocan, amistades que no duran."

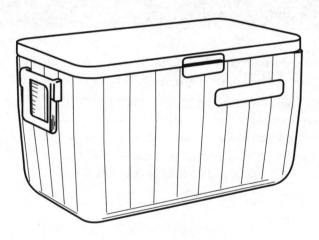

Básicamente, las categorías de vinos son ocho:

1	Blancos aromáticos	Torrontés, Sauvignon Blanc Gewürztraminer	Pescado y fiambres ahumados, patés, tartas de queso y cebolla, comida china e hindú, platos al curry, empanadas y locro.
2	Blancos secos ligeros	Chenin, Chardonay fresco	Pescados a la parrilla, mariscos, arroces, pastas con salsas de mariscos, quesos de pasta blanda, paella y terrinas de pescado.
3	Blancos secos (con cuerpo)	Chardonay fermentado en barriles	Pescados con salsas fuertes, lomo al vino blanco, quesos de pasta semi blanda, pollo y carnes blancas y arroces condimentados.
4	Blancos dulces	Moscatel	Postres de frutas, cocteles de fruta, tartas de dulce, pastelitos dulces, quesillo con miel y quesos como postre.
5	Rosados	Cabernet, Grenache, Syrah o Zinfandel	Salmón ahumado, pescados fríos, quesos de pasta blanda, ensaladas y entradas frías.
6	Tintos livianos	Malbec, Merlot jóvenes y frescos	Pescados a la parrilla, hamburguesas, papas fritas, queso blanco, salchichas, albóndigas y embutidos.
7	Tintos (con cuerpo)	Cabernet Sauvignon y Malbec Roble	Asado vacuno, cerdo, chivito, cordero patagónico, pastas con salsa de tomate y queso, guisos, arroces condimentados (risotto), locro, empanadas y quesos de pasta dura.
8	Vinos espumosos	Extra Brut, Brut, Extra Sec, Sec	Aperitivos, canapés pescados y mariscos, caviar, salmón y ostras.

En México, por ser un país subtropical, siempre hemos tomado:
- Cervezas frías.
- Aguas frescas hechas con frutas de la estación.
- Y ahora en boga las botellas de agua sola.

Te recomiendo preguntes a los expertos y a quienes puedes encontrar en Twitter:
- Rodolfo Gerschman es editor, crítico culinario y columnista de vinos quien lleva más de dos décadas escribiendo en la sección de la Buena Mesa del periódico Reforma @rolfge
- René Renteríaes consultor en *Wine Marketing*, juez internacional de vino, profesor de análisis sensorial y arma cavas para distintos restaurantes @Rene_Rentería
- Hans Backhoff, director general de Monte Xanic @hbackhoff
- Miguel Serrano, sommelier y profesor de bebidas @bichotropical

En conclusión: el mejor vino es el que más te guste.

Recomendación para enfriar bebidas

- 1 bolsa de hielo
- 2 litros de agua
- ½ kilo de sal de grano
- ½ litro de alcohol

Primero coloca lo que se vaya a enfriar en un recipiente, agrega el hielo, después vierte el agua y el alcohol. Y, finalmente, espolvorea todo con la sal. Mueve las botellas para mezclar todo. El agua aumenta la superficie de contacto, la sal reduce la temperatura de fusión del hielo (tarda más en derretirse) y, por una reacción química, el alcohol retira el calor de la mezcla.

SITUACIONES NO PREVISTAS

Llamaradas

Llegan a suceder y hay que estar preparados. Las llamaradas se producen por la grasa en la comida. Ésta se calienta, se derrite, se escurre, cae en la fuente de calor (brasas o gas) y viene la no invitada llamarada que si no se controla, además de quemar la comida puede causar un incendio. ¿Qué hacer? Tener una "zona fría" en el asador. En el momento que empiece la llamarada, coloca la comida que la está ocasionando en la zona fría. Trata en lo posible reducir la cantidad de grasa en la comida (gordos, pellejos y el aceite de las marinadas). Deja que se apague. El último recurso es utilizar una botella rociadora de agua, para apagar el fuego. Sin embargo, es importante recordar que el agua y el aceite no se llevan. Sin embargo, unos chisguetazos estratégicos controlan la situación.

Lluvia

Normalmente la temporada de lluvias en México es en el verano, justo cuando queremos pasarla afuera. Ahora bien, las lluvias normalmente son en la tarde, así que si organizas una parrillada te recomiendo que empiece temprano. Si vas a correr el riesgo o más bien la lluvia llega inesperadamente, tienes que tener un plan B. Necesitas colocar el asador debajo de un techo o necesitas mover el asador debajo de una estructura para que la lluvia no te apague el asador.

Demasiado sol

El estar afuera por un periodo prolongado de tiempo bajo los rayos del sol, te perjudica la piel.

Es importante usar filtro solar, gorra y hasta una camisa de manga larga para no quemarse los brazos

Demasiado viento

S i tu asador se encuentra en medio de un chiflón de aire lo que te va a pasar es que el aire en exceso va a consumir las brasas más rápidamente de lo que te imaginas. Lo más recomendable es mover el asador de esta corriente de aire.

¿Cómo apagar el asador?

N o es necesario volcar una cubeta de agua para apagar las brasas. Simplemente con bajar la tapa y dejar que se apaguen solas. Si tu asador no tiene tapa, puedes simplemente dejar que se consuman. Una vez que se apaguen deshazte de las cenizas pues éstas son abrasivas.

¿Qué vestimenta usar?

B loqueador y una gorra. En cuanto a zapatos se refiere, lo más recomendable es que éstos sean cerrados y que estén cómodos, pero que sean cerrados. Usar sandalias o zapatos abiertos puede ser peligroso si te cae una brasa encendida.

Diferencia entre comida y parrillada

P or supuesto que las dos cumplen con la necesidad fisiológica de alimentarse. La gran diferencia radica en cómo se aborda el tema. Además de ser un alimento, las parrilladas para nosotros son divertidas. Las señoras piensan en una "comida". Nosotros en una "parrillada".

Hay quienes consideran que el ritual del fuego y la carne es un derecho que Dios le concedió al hombre. Aquella parte del Génesis acerca del dominio del hombre sobre los animales en la tierra y la teoría de la evolución del hombre apoyan esta versión. Los colmillos o caninos que tenemos fueron diseñados específicamente para rasgar algo que pudiera pelear contra el hombre.

El Dr. Leonard Shlain, autor del libro *Sexo, tiempo y poder* (*Sex, Time and Power*) dice: "El hombre es el único primate depredador. Si todos los demás seres vivos podían comer nueces y frutas ¿en qué momento nos convertimos en este feroz depredador? Por la sencilla razón que el hombre quería tener relación sexual." La teoría del Dr. Shlain es la siguiente: la mujer prehistórica tenía antojo de carnes rojas ricas en hierro debido a la cantidad de sangre perdida durante la menstruación. Así es que un trozo de carne roja era exactamente lo que su cuerpo necesitaba. Ellas, en agradecimiento, tenían una relación sexual con su hombre cazador. Por muy prehistórico y primitivo que era el hombre no necesitaba tener dos dedos de frente para entender la relación de trueque entre sexo por carne roja.

Las carnes rojas, crudas o cocidas, nutren al cuerpo con aminoácidos, necesarios en la estructura del cuerpo. Estos aminoácidos volvían a fortalecer los cansados músculos de nuestros ancestros que se la pasaban correteando al mamut. Además, la enzima creatinina que se encuentra en la carne roja provee de energía a los cansados músculos, dándole al hombre mayor energía para cargar media tonelada de carne cruda de regreso a la cueva. Y ese esfuerzo retribuyó al hombre con más músculos que, evidentemente, la mujer cavernícola notaba. Y así continuaba el círculo virtuoso.

Sazonadores en polvo, marinadas, salsa para barnizar

Sazonador en Polvo	Marinadas	Salsa para barnizar
Mezcla de especias para espolvorear y "perfumar" carne, pollo o pescado.	Líquidas.	Fuertes.
Si se agrega antes de que la carne llegue a la parrilla, deja una deliciosa costra.	Compuestas de un ácido + líquido + sabor	Se utilizan para barnizar la carne o pollo y evitar que se seque con el calor de las brasas.
Productos comerciales y caseros.	La comida se deja reposar en refrigeración.	
	Entre menos ácido tenga la carne más tiempo puede durar en el refrigerador; inclusive toda la noche.	

¿Organizar una parrillada en la que todos los invitados llevan algo?

En la que cada quien lleva algo, sería lo ideal, más fácil y menos costoso para todos. ¿El problema? Que no lleguen o lleguen tarde los invitados. Si tú eres el organizador planea las cosas como si no fueran a llevar nada. Si llega, bien recibido. Más vale que sobre y no que falte. Por ejemplo, si te ofrecen una botana elaborada, de todos modos ten cacahuates de reserva.

Etiqueta: ¿cómo poner la mesa?

Las señoras son expertas en esto. A nosotros nos da igual si estamos sentados a la mesa o de pie junto al asador. En realidad nos la pasamos mejor junto al asador. Las señoras ponen como centro de mesa unas flores, pero un parrillero práctico pone el molcajete como centro de mesa con la salsa que acaba de molcajetear.

¿Cómo servir?

Si hay una mesa lo ideal es servir toda la carne en un sólo platón y llevarlo a los comensales. Lo mismo sucede con las verduras. Si en el evento hay varias mesas, lo mejor es poner un bufet y que cada quien se sirva. Recuerda: el parrillero no es el mesero del evento. Lo ideal es tener al asistente de la parrilla, al mesero y a la galopina que lave todo una vez que se termine el evento; pero en un ambiente familiar o de amigos reducido, es perfectamente normal pedir ayuda a los invitados, sobre todo a la hora de recoger todo.

¿Platos desechables o de cerámica?

Un parrillero ante todo es práctico ¿para qué complicarse la vida? Reconozco que no se puede tener todo en la vida. Utilizar platos desechables es muy práctico. No se tienen que lavar, ni secar, ni guardar. Acaban en la basura y en algún momento dado son reciclados, PERO reconozco que la comida no sabe igual. Cuando utilizas un plato normal de cerámica no piensas en el plato, PERO cuando no tienes ni el espacio ni la firmeza, extrañas y valoras un plato normal. Vale la pena ensuciar para disfrutar. Como todo en la vida, unas cosas por otras. Este punto es importante y define en gran medida la personalidad de los anfitriones. Lo más práctico es utilizar platos desechables para no tener que lavar después.

Sin embargo, la comida no sabe igual servida en platos desechables. ¿Por qué? Normalmente los platos desechables no son lo suficientemente grandes como un plato normal y esto nos complica. ¿Ahora resulta que el *Rib-Eye* es más grande que el plato? Además, los platos desechables se reblandecen y se pueden romper. Si nos levantamos para servirnos más corremos el riesgo que se nos caiga la comida, inclusive los llegamos a perforar con el cuchillo. Las famosas divisiones, aunque ayudan a que el caldo de los frijoles no se mezcle con la comida, nos limitan en espacio.

¿Además de platos desechables, también los cubiertos? Los cuchillos no cortan y los tenedores se rompen. Aunque reconozco que hay marcas (sobre todo en los clubes de precio) bastante buenas. Ahora bien, son muy prácticos. Nadie tiene que lavar. Se tiran a la basura y recoger lo sucio se vuelve un placer. Qué platos usar es cuestión de criterios. Recuerden que esto confirma que no se puede tener todo en la vida.

Recomendaciones:

- Comprar platones de la marca Chinet y utilizarlos como platos. Tienen un tamaño ideal y están reforzados, lo cual evita que se rompan.
- Utilizar cubiertos normales.
- Vasos de plástico grandes.
- Un marcador para ponerle nombre a nuestro vaso (así evitamos saber los secretos de los demás, así como sus enfermedades).
- Tener suficientes platos para que las personas puedan servirse una segunda vez en un plato nuevo y limpio.
- Tener uno o varios botes de basura a la mano para que tus invitados puedan tirar a la basura sus platos.
- Si se decide en contra de los platos desechables es recomendable comprar platos de melanina (plástico resistente) o de barro.

¿Llevar o no llevar algo a la parrillada?

Por supuesto que sí. La gente educada siempre llega con algo en las manos. Puede ser desde una botella de vino hasta un postre, que nunca sale sobrando. Si vas a llevar algo para la parrilla considera que el parrillero ya tiene (o por lo menos ya debería tener) un plan de acción y está considerando sus tiempos en la parrilla, no los tuyos. Si decidiste ayudar, lo cual es completamente aceptable, avísale con anticipación; el parrillero organizador te lo va agradecer. En automático te vuelves parte del *staff*. OJO: tienes que estar dispuesto a trabajar y asegurarte que lo que lleves se ase correctamente. Si van a ser esas alitas de pollo que te quedan muy bien como botana y llegas a la hora del postre, como que ya no viene al caso ¿o sí? También considera que si vas a llevar algo para la parrilla quien lo va a asar eres tú.

Moscas: ¿Cómo eliminar a las moscas?

No hay nada más molesto que una mosca o un ejército de moscas en nuestra parrillada. La humedad causada por las lluvias y el olor a carne asándose las atrae. Hay varias maneras, desde las artesanales hasta la manera química:

• Partir limones, encajarles clavos de olor y colocarlos en la mesa.

• Sembrar plantas de lavanda, romero, ruda o salvia cerca de donde normalmente haces tus parrilladas. También puedes hacer la prueba con albahaca, estragón, menta o tomillo. El olor que estas plantas emanan ahuyenta a las moscas. Además, las hierbas de olor te pueden servir para preparar una marinada.

• Ventiladores de techo o de pie ahuyentan a las moscas.

• "Trampas" de papel adhesivo que venden en Home Depot.

• Bolsas de plástico llenas de agua. Si eres observador te darás cuenta que en las fondas de comida las cuelgan. Las moscas al acercarse se ven amplificadas y distorsionadas y se espantan.

• Ecotrap. Es una bolsa a la que se le agrega agua y se mezcla con la fórmula biodegradable. Ésta se cuelga en un lugar cerca de donde vamos a comer y las moscas entran en la bolsa atraídas por el olor para quedar atrapadas y morir ahogadas dentro.

• SNIP. Producto no comercial pero efectivo que venden en tiendas agropecuarias. Es un polvo rojo que tiene un cebo con hormonas para atraer a las moscas y un veneno; es recomendable colocarlo de tres a cuatro horas antes de tu parrillada, en un plato plano en algún lugar cercano adónde vas a estar.

• Encender antorchas con citronela, que es más bien para moscos, pero también son bichos voladores molestos.

• Velas de citronela en cubetas tipo macetas que hasta son decorativas.

• Los aparatos electrocutantes realmente son para los moscos y sirven en la noche pues la luz los atrae para recibir una descarga eléctrica.

• Como el chiste del científico:

Anuncia el científico en el laboratorio:

"Señores: Acabo de inventar un insecticida afrodisiaco para moscas".

–Y eso ¿las mata?" –pregunta alguien.

–No precisamente" –responde el científico–. Pero puedes cazarlas con el matamoscas de dos en dos.

Recomendaciones:

• Elimina las heces de perros y gatos, pues éstas atraen a las moscas.

• No dejes restos de comida al aire libre después de una parrillada.

• Consulta con cualquier empresa de control de plagas el origen y analiza la solución que te ofrecen; si te acomoda, contrata sus servicios.

Afilado de cuchillos

E l cuchillo se afila sobre una piedra plana mojada, apoyando la base de la hoja metálica en un extremo de la piedra y terminando con la punta en el extremo opuesto. El movimiento debe ser recto con una ligera inclinación del cuchillo. Se debe afilar por las dos caras del cuchillo.

3 FORMAS PARA AFILAR CUCHILLOS

1. Afilado grueso

Se lleva a cabo con la finalidad de darle a la hoja metálica un acabado más delgado. Es un proceso que generalmente se hace cuando el cuchillo es nuevo o carece completamente de filo. Se afila sobre una piedra de afilar gruesa, rugosa, con un movimiento recto que comienza de la base de la hoja metálica sin llegar a la punta. El afilado se hace por igual en las dos caras del cuchillo.

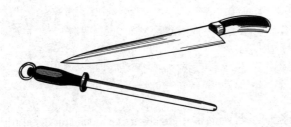

2. Afilado fino

Se utiliza para dar a la hoja metálica un acabado fino y suave. Se afila sobre una piedra plana aceitada, apoyando la base de la hoja metálica en un extremo de la piedra y terminando con la punta en el extremo opuesto.

El movimiento debe ser recto con una ligera inclinación del cuchillo. Se debe afilar por igual las dos caras del cuchillo.

3. Uso de chaira

La chaira alinea los dientes metálicos microscópicos que se forman durante el afilado. Se debe empezar por la base de la hoja metálica y terminar con un movimiento recto hasta la punta.

Cenizas

Las cenizas sirven de abono para las plantas, pero son corrosivas para el asador. Para que tu asador te dure un buen número de años retira toda la ceniza del cenicero.

LIMPIEZA

La limpieza del asador es importante. Sobre todo de la parrilla. La parrilla debe estar perfectamente limpia y libre de residuos. Sigue estos pasos:

Opción 1		
Desengrasar	Una vez que esté fría la parrilla (normalmente al día siguiente de tu parrillada) rocía con algún desengrasante la parrilla y colócala dentro de una bolsa grande para basura y déjala reposar.	Opcional – pero muy práctico.
Lavar	Si la parrilla es movible y fácil de transportar la puedes lavar con agua y jabón. Es fundamental este paso.	Es fundamental SECAR perfectamente para evitar que se oxide.

Opción 2		
Cepillar	Estando la parrilla en su lugar, usa un cepillo de alambre para retirar residuos de comida.	Asegúrate que no queden residuos de metal del cepillo pues no querrás que nadie se los coma. Si no tienes un cepillo de alambre forma una pelota con papel aluminio.
Cebolla	Parte una cebolla y frota ésta en la parrilla la cual eliminará residuos de grasa negra. Inclusive hay quienes aceitan la cebolla.	Es fundamental SECAR perfectamente para evitar que se oxide.
Aceita	Envuelve una servilleta de papel o una toalla de cocina desechable en la punta de tus pinzas; moja ésta en aceite y barniza la parrilla.	Haz esto una sola vez y cuando esté fría la parrilla para no quemarte.

¿Por qué es importante limpiar tu parrilla?

Por lo general, siempre quedan residuos de comida en tu parrilla. Si no haces una limpieza profunda éstos se quemarán y se le pegarán a la comida. Le darán un sabor rancio y amargo a todo lo que ases.

Limpieza del asador

Limpia con un trapo húmedo el polvo. Limpiar la tapa por dentro es importante. Ya sea que sea de carbón o gas, ambos tendrán grasa salpicada. Por lo menos una vez al mes limpia la parte de adentro de la tapa. Así evitarás que se le pegue el polvo. Si es de carbón ésta además de la grasa tendrá hollín que impregnará sabores amargos a la comida, sobre todo al calentarse.

Limpieza de la parrilla

El calor de las brasas o del gas calientan la parrilla, aflojan restos de comida y éstos se eliminan con un cepillo de alambre. El calor también desinfecta la parrilla. La limpieza e higiene son importantes porque ahí es donde se coloca la comida.

Si está muy sucia la parrilla después de usarla se puede rociar con un desengrasante y colocar dentro de una bolsa grande de basura. Se deja reposar toda la noche y después se lava muy bien. Es importante secarla para evitar que se oxide. La puedes terminar de secar si tu asador es de gas colocándola en el asador y encendiéndolo.

Parrillas de gas, limpieza habitual

Gira las perillas de control a posición "HI" y haz funcionar la parrilla con la tapa cerrada durante 5 o 10 minutos o hasta que el humo se detenga. A continuación, gira la válvula del cilindro y las perillas de control hasta dejarlas en "off" o apagado. Usando guantes protectores y un cepillo metálico de mango largo limpia las parrillas. Recuerda que estarán calientes. Asegúrate que en los quemadores no haya obstrucción (escombros, insectos) en las perforaciones, la entrada de aire primaria, o en el cuello de los quemadores. Utiliza un alambre para eliminar cualquier obstrucción. Usa cepillo de alambre para quitar la corrosión de las superficies de los quemadores.

La parrilla, plato de cocinar y plancha, límpialos con jabón y agua caliente. Sécalos completamente después de lavarlos. Usa escobilla de alambre para quitar la corrosión. Barniza ligeramente con aceite vegetal o de freír para prevenir la corrosión. La bandeja de goteo, cuando se impregne con grasa, cámbiala por una nueva capa de arena. Algunos modelos traen difusor de llamas en vez de piedras volcánicas y además, su bandeja.

¿Como guardarla?

Fuera de temporada es fundamental guardarla limpia y mantenerla en un lugar protegido. Si tu asador es transportable, escoge un lugar seco y cúbrela con una bolsa de plástico o lona, para resguardarla de la lluvia y el polvo. Si vas a guardarla por un período de tiempo largo, protege los quemadores con papel aluminio para prevenir que insectos o escombros obstruyan las salidas de gas. Desconecta y almacena el cilindro de gas al aire libre.

Cuando vuelvas a usar tu parrilla después de un período largo de almacenaje, sigue todas las recomendaciones de uso y mantenimiento. Vuelve a apretar todos los tornillos y tuercas que unen el cuerpo al armazón, porque a veces se aflojan con los cambios de temperatura.

Parrillas de gas, limpieza habitual

L o básico para el mantenimiento de nuestra parrilla:
• Gel limpia manos: permite la limpieza en seco de las manos.
• Aerosol limpia parrillas: para disolver las grasas.
• Limpiador desengrasante: para disolver las grasas.
• Esponja abrasiva: para raspar suavemente.
• Cepillo para limpiar parrillas.

TIP:
Después de cepillar la parrilla frótala con media cebolla. Una vez que esté encendido el carbón coloca la cebolla encima de las brasas. El olor abre el apetito.

Para limpiar y hacer desaparecer las manchas de la tabla de cortar carnes, esparce sobre ésta un poco de sal y luego frota con un trozo de limón. Periódicamente limpia las superficies de tu parrilla, especialmente si dejaras de usarla por algún tiempo. Lava todos los accesorios con abundante agua jabonosa, sécalos bien y guárdalos en un lugar seco. Nunca la laves mientras esté caliente. Nunca la limpies con limpiadores comerciales para hornos.

Cepillar

E s más fácil retirar restos de comida cuando la parrilla está caliente; así que después de pre calentarla usa un cepillo de mango largo para quitar esos restos de comidas anteriores. Límpiala otra vez después de usarla.

Sentido común

Hacer un asado o una parrillada es todo un arte. Esto quiere decir que uno debe ser flexible, adaptarse a la situación y sobre todo utilizar el sentido común. Estar atento a lo que está sucediendo y adaptarse. Ahora es el momento para invitar a los amigos y a la familia y, ¡a disfrutar!

Esto es un arte

Recuerda: Las parrilladas son un arte, no una ciencia. Entiende el concepto, aprende la técnica y haz lo que te funcione mejor.

Tu primera parrillada

Ahora es momento que prepares tu propio menú para que inicies en el mundo de las parrilladas con el pie derecho y deleites a tu familia y amigos. Te invito a que prepares un corte fino acompañado de las clásicas guarniciones y salsas. Para que tu experiencia sea agradable, en cada receta te he incluido las herramientas que vas a necesitar así como diversos tips. Este menú está pensado para cuatro personas.

Menú:

Pan baguette tostado con ajo
Corte fino (puede ser *New York*, *Rib-Eye* o *T-Bone*)
Cebollas y pimientos rojos asados
Papas al horno con aderezo de crema y cebolla
Salsa roja prehispánica molcajeteada
Salsa chimichurri
Chiles toreados

Tres días antes de tu parrillada te recomiendo que compres todos los ingredientes que te hacen falta. Si la carne está congelada es momento de descongelarla pasándola al refrigerador. Un día antes de tu parrillada prepara la mezcla para el pan, el aceite para que se impregne con los distintos sabores, lava y seca todas las verduras, rebana las cebollas, prepara los pimientos, haz el aderezo para las papas y prepara el chimichurri para que los sabores se integren. Es muy importante que refrigeres todos los alimentos. El día de tu parrillada, por la mañana rebana el pan y unta la mezcla, sazona la carne, sazona las cebollas y arma los paquetes, prepara las papas y la salsa molcajeteada. Una hora antes de querer comer enciende el carbón como se indica en la página 47.

Pan baguette tostado con ajo

Hoy en día no pensamos mucho cuando colocamos dos rebanadas de pan en la tostadora para tostar pan. En 1905 fue inventado este aparato que calienta el pan aprovechando el calor al conducir electricidad a través de una resistencia. Catorce años después, en 1919 se inventó que la tostadora expulsa las rebanadas cuando están tostadas. Te has puesto a pensar, ¿en dónde se tostaba el pan antes de la tostadora eléctrica? Por supuesto, en un asador.

Ingredientes	Cantidades
Baguette	1 baguette grande
Mayonesa	250 ml o ¼ de taza de mayonesa
Queso parmesano	250 gr o ¼ de taza de queso rallado
Ajo fresco	1 diente de ajo

Utensilios

Tabla para picar
Tazón mediano
Rallador
Tenedor
Cuchillo de sierra para pan
Papel aluminio

Preparación

1. Corta las puntas de la baguette y deshazte de ellas.
2. Rebana toda la baguette para obtener rebanadas de una pulgada de ancho.
3. Corta una tira larga de papel aluminio y coloca la baguette rebanada encima.
4. Pela y ralla el ajo.
5. Coloca la mayonesa, el queso y el ajo en un tazón.
6. Mezcla los tres ingredientes.
7. Unta un solo lado de cada rebanada de pan con la mezcla.

8. Junta cada dos panes para que en la parte de la mezcla estén juntos.

9. Continúa así hasta terminar todas las rebanadas.

10. Envuelve la baguette con el papel aluminio.

11. Una vez que estén las brasas listas vas a calentar la baguette en la parrilla dándole las vueltas necesarias para que se caliente. Sirve de inmediato.

Tips

- La mejor mayonesa es la que tiene jugo de limón. No compres mayonesa *light* ni la que está hecha con aceite de oliva.

- No es necesario agregar sal, ya que el queso es salado.

- Puedes comprar el queso parmesano ya rallado o en trozo y rallarlo tú mismo.

- Cuando rebanes la baguette asegúrate de conservar las rebanadas juntas en el orden en el que lo rebanaste para mantener la forma de la baguette.

- El papel aluminio tiene un lado brillante y uno opaco. El lado brillante debe quedar por fuera. Cuando envuelvas la baguette, ésta debe quedar ligeramente apretada, pero sin maltratar el pan.

Aceite y brocha para barnizar

E l aceite te ayuda a evitar que los alimentos que vas a asar se peguen a la parrilla. En esta receta aprenderás a darle tu toque especial al aceite, perfumándolo con distintos ingredientes. Te vas a sorprender, ya que este aceite es muy versátil y lo vas a utilizar en la receta de los cortes finos, chiles toreados, cebollas asadas y pimientos asados. Además vas a aprender a preparar una brocha con unas ramas de romero.

Para preparar el aceite

Ingredientes	Cantidades
Ajo	1 diente de ajo
Cebolla	Un ¼ de cebolla
Romero fresco	1 cucharada
Aceite de oliva	1 taza
Sal de grano	1 cucharada o 15 ml
Pimienta negra	1 cucharada o 15 ml

Brocha

Ingredientes	Cantidades
Romero	1 manojo fresco

Utensilios

Envase plástico con capacidad de 1 litro
1 cuchara
10 centímetros de hilo de algodón

Preparación

1. Retira de la base de cada pequeña rama de romero algunas agujas o pequeñas hojas. Resérvalas.
2. Junta todas las ramas de romero y amárralas de la base para crear una pequeña brocha.

3. Pica el ajo, la cebolla y el romero.

4. Agrega el ajo, la cebolla y el romero al aceite.

5. Salpimienta.

6. Mezcla.

Tips

- Vas a utilizar la brocha de romero para barnizar los cortes antes de colocarlos en la parrilla.
- Después de que termines de barnizar los cortes puedes arrojar la brocha encima de las brasas para darle un toque ahumado a tus cortes. Además, impresionaras a tus invitados haciendo esto.
- Es importante siempre utilizar aceite de oliva por su característico sabor.

Receta básica para asar un corte fino

Hace 500,000 años el hombre descubrió el fuego y cuando dejó de comer carne cruda y empezó a comer carne asada inició el camino de la civilización. ¡La carne asada nos volvió humanos! La profesión más antigua del mundo no es la que siempre nos han hecho creer. La más antigua es la de cocinero, pero antes de ser cocineros éramos parrilleros, por supuesto, o más bien asadores de carne. El gusto por este ritual radica en nuestras reminiscencias del pasado, cuando estuvimos en honesta comunión con la naturaleza y con nuestra esencia. Esta es la razón por la cual los seres humanos tenemos una fascinación por el fuego y las carnes asadas.

Ingredientes	Cantidades
New York o *Rib-Eye* o *T-Bone*	4 cortes de 250 gr cada uno
Aceite de oliva	8 cucharaditas o 40 ml
Sal de grano	8 cucharaditas o 40 gr
Pimienta negra	4 cucharaditas o 20 gr

Utensilios

Platón
Toallas desechables de cocina
Película transparente auto adherible
Cuchillo

Preparación

1. 48 horas antes de tu parrillada retira los cortes del congelador y colócalos en el refrigerador para que lentamente se descongelen. Si has comprado cortes frescos manténlos en el refrigerador.
2. El día que los vayas a asar retira los cortes de su empaque y con toallas de cocina desechables "seca" los cortes por ambos lados.
3. Coloca los cortes en un platón.
4. Barniza todos los cortes con el aceite que ya preparaste.
5. Agrega la sal de grano y la pimienta recién molida.
6. Presiona ligeramente con los dedos para incrustar la sal y la pimienta.

7. Voltea los cortes y repite el procedimiento de barnizar y salpimentar.

8. Cubre con papel transparente auto adherible y refrigera.

9. Retira del refrigerador una hora antes de que los vayas a asar.

10. Colócalos en la parrilla caliente y después de un minuto gíralos 45 grados para marcar con rombos.

11. Cuando veas gotas salir en la superficie es momento de voltearlos.

12. Retíralos cuando alcancen el punto deseado.

13. Después de retirarlos de la parrilla colócalos en un platón limpio y déjalos reposar un minuto antes de servirlos.

tips

- Si están empacados al alto vacío puedes mantener los cortes en la parte más fría de tu refrigerador hasta 21 días para que se añejen.
- La parte más fría de tu refrigerador es la que está cerca del congelador.
- Si vas a hacer lo anterior es recomendable que con un plumón indeleble escribas la fecha de cuándo los vas a preparar para que no se te echen a perder.
- La mejor sal es la de grano porque tiene menos procesos químicos y resiste mejor el calor. Perfectamente puedes utilizar sal de mesa.
- Es mejor comprar pimienta entera y molerla en el momento de querer utilizarla, así liberas los aceites naturales.
- Es importante que la carne llegue a temperatura ambiente cuando los vayas asar y no fríos para que no reciban un shock pasando de estar helados a calientes.
- Déjalos reposar después de asados para que los jugos se redistribuyan en todo el corte.

Cebollas asadas

Mi lema favorito es "El parrillero ante todo es práctico" y esta receta cumple con la practicidad. Las cebollas son una delicia para acompañar cualquier carne asada. Tiene fama de hacerte llorar, pero es uno de los alimentos imprescindibles en la cocina. Posee muchas propiedades y una de ellas es la acción diurética, por lo que es muy recomendable para pacientes con gota. En la antigua Roma, la cebolla se consumía para aumentar la líbido y el poeta romano Ovidio, autor del *Arte de amar*, recomendaba su consumo y argumentaba que en el caso de los hombres, comer cebollas ayudaba a la virilidad.

Ingredientes

Ingredientes	Cantidades
Cebolla	1 cebolla blanca grande o 2 medianas
Chile serrano (opcional)	1 chile verde serrano (opcional)
Jugo sazonador	1 cucharada o 15 ml
Aceite	1 cucharada o 15 ml
Sal de grano	½ cucharada o 7.5 ml
Pimienta negra	¼ cucharada 0 3.75 ml

Utensilios

Tabla para picar
Cuchillo
Papel aluminio

Preparación

1. Corta un trozo grande de papel aluminio. Parte la cebolla a la mitad y luego rebana cada mitad en medias lunas. Coloca los trozos de cebolla en el centro del papel aluminio.
2. Ponle el aceite, el jugo sazonador, la sal y la pimienta.
3. Forma un paquete hermético.
4. Con un pincho para brochetas o con un tenedor perfora el paquete. Coloca en la parrilla.
5. Cuando estén suaves las cebollas sírvelas en el paquete.

tips

- El objetivo de perforar el paquete de un solo lado es para liberar el líquido que suelta la cebolla. Así no tendremos cebollas "hervidas".
- Para no abrir el paquete antes de tiempo y saber si ya están listas las cebollas, presiona ligeramente con tus pinzas y podrás sentir la textura de las cebollas. Si sientes las cebollas suaves quiere decir que ya están listas.
- Puedes utilizar del aceite que ya preparaste en la receta de aceite para barnizar.

Papas asadas

Hay algo especial acerca de la combinación entre un jugoso corte y unas deliciosas papas asadas. A veces es difícil de imaginar comer uno sin el otro. Estos dos alimentos son muy diferentes entre sí y producen un maridaje perfecto entre el sabor y la textura.

Ingredientes

Ingredientes	Cantidades
Papas	4 papas blancas medianas
Agua	Suficiente para cubrir las papas
Sal de grano	1 cucharada
Aceite	2 cucharadas o 30 ml
Sal de mesa	1 cucharada o 15 ml
Pimienta negra	½ cucharada o 7.5 ml

Utensilios

Olla mediana
Tabla para picar
Cuchillo

Preparación

1. Lava las papas para retirar la tierra.
2. Con un pelador de papas retira 2 o 3 tiras de cáscara, de ambos lados (para darle forma aplanada a la papa y evitar que se resbalen en la parrilla una vez que las partas).
3. Colócalas en una olla con agua fría, agrega la cucharada de sal de grano.
4. Coloca la olla en la estufa y prende a fuego alto. Cuando rompa el hervor baja la flama a la mitad.
5. Déjalas hasta que estén suaves. Aproximadamente 20 minutos. Lo que buscas es que estén ligeramente duras.
6. Retíralas del agua y déjalas escurriendo.
7. Pártelas a lo largo.
8. Barniza con aceite.

9. Espolvorea con sal y pimienta.

10. Llévalas al asador únicamente para calentarlas y darle el toque a las brasas.

Tips

- En la manera de lo posible busca que las papas siempre tengan el mismo tamaño. Así la cocción será pareja.
- Colocar la sal en donde hierven las papas te sirve para dos cosas: para darle sabor al agua y para que hierva más rápido.
- En vez de usar aceite puedes utilizar la grasa que suelte el tocino de la receta que incluyo a continuación: aderezo para papas.

Aderezo para papas

En el año de 1872 el queso crema fue creado en Nueva York por un lechero. La combinación del queso crema con la crema hace una consistencia ligera y esponjosa ideal para bañar las papas. Vas a deleitar a tu familia sirviendo una papa caliente con este aderezo frío.

Ingredientes

Ingredientes	Cantidades
Queso crema	Media barra o 100 gr
Crema	100 ml
Sal	1 cucharadita o 5 ml
Pimienta blanca	½ cucharadita o 2.5 ml
Cebollín	¼ de manojo
Tocino de cerdo	4 rebanadas
Leche	Suficiente para suavizar

Utensilios

Tazón mediano
Tenedor
Toallas desechables de cocina
Salsera
Película transparente auto adherible

Preparación

1. Coloca la barra de queso crema en un tazón y suavízala con un tenedor. Agrega poco a poco la crema sin dejar de batir.
2. Agrega la sal y la pimienta.
3. Agrega un chorro de leche para suavizar y lograr una salsa.
4. Fríe el tocino en un sartén. Una vez frito, déjalo enfriar encima de una toalla de cocina desechable para que absorba la grasa. Pícalo.
5. Pica el cebollín y junto con el tocino agrégalo a la mezcla y revuelve.
6. Vacía en una salsera, cubre con plástico transparente auto adherible y refrigera.

Tips

- Se utiliza pimienta blanca y no negra para no "manchar" la salsa.
- La grasa que suelte el tocino la puedes utilizar en la receta de las papas asadas.

Salsa roja prehispánica molcajeteada

Dentro de la maravillosa gastronomía mexicana, las salsas escriben su propio capítulo. Como es sabido y está documentado, el chile es originario de México. Lo fascinante de las salsas mexicanas es que con únicamente tres ingredientes: el chile, la cebolla y el jitomate, y con cuatro técnicas diferentes: ya sea en crudo, tatemadas, hervidas o fritas, la variedad es muy amplia.

Ingredientes	Cantidades
Sal de grano	½ cucharada o 7.5 ml
Pimienta gorda	3 pimientas gordas enteras
Chile de árbol	1 chile seco
Cebolla blanca	¼ de cebolla mediana
Jitomate saladet	4 jitomates

Utensilios
Comal
Molcajete

Preparación
1. Lava y seca los jitomates.
2. Pon el comal en la estufa y cuando esté caliente coloca el chile de árbol, la cebolla y los jitomates.
3. En la medida que se vayan asando los ingredientes ve girándolos.
4. El chile se hace casi enseguida así que retíralo antes de que se queme.
5. La piel de los jitomates debe estar negra.
6. Retira los ingredientes cuando estén suaves y asados.
7. Pela los jitomates.
8. Coloca los ingredientes en este orden: primero, la sal junto con la pimienta. Ya que están pulverizadas, agrega el chile de árbol y muélelo. Ya que está desbaratado el chile, coloca la cebolla y tritúrala hasta convertirla en pasta. Ve agregando los jitomates uno por uno, conforme vayas machacándolos.

Tips

- Si no tienes molcajete y quieres lograr la consistencia de una salsa recién molcajeteada utiliza la potencia más baja de tu licuadora. Muele durante espacios de 10 segundos y apaga la licuadora. Con una pala larga de madera mueve y acomoda los ingredientes que están en el vaso de la licuadora. Vuelve a moler durante otros 10 segundos. Continua así hasta lograr incorporar todos los ingredientes.
- La molienda de los ingredientes debe ser cuidando que no golpee la piedra del molcajete con el tejolote, para evitar una salsa terrosa.
- Si tienes un molcajete utilízalo como salsera.

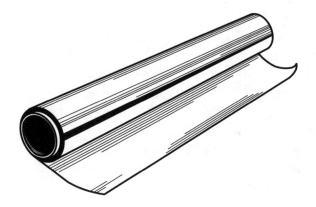

Chimichurri

El secreto de toda salsa es que resalte el sabor del alimento y no que lo enmascare. Así sucede con el chimichurri, deliciosa salsa hecha a base de perejil fresco y orégano seco. Hay un gran número de versiones de esta salsa. La palabra chimichurri no quiere decir nada. Cuenta la leyenda, que una familia inglesa establecida en el siglo XVII en la Patagonia, Argentina, pedían sentados ante la mesa: "por favor pásame o dame la salsa curry" o, en inglés: *Give me the curry* y de ahí se derivo en Chi Mi Chu Rri.

Ingredientes

Ingredientes	Cantidades
Orégano seco	3 cucharadas
Ajo fresco	1 diente de ajo
Comino	1 cucharadita o 5 ml
Chile de árbol	1 chile de árbol
Sal de grano	1 cucharadita o 5 ml
Pimienta negra	1 cucharadita o 5 ml
Vinagre blanco	¼ de taza
Perejil	1 manojo
Aceite de oliva	Suficiente para cubrir

Preparación

1. Muele entre las palmas de la mano el orégano tratando de pulverizarlo lo más posible.
2. Colócalo en un recipiente.
3. Pica finamente el ajo.
4. Tritura el chile de árbol.
5. Agrega el ajo, el comino, el chile, la sal y la pimienta.
6. Mezcla.
7. Agrega el vinagre buscando hidratar el orégano.

8. Mezcla.

9. Agrega el perejil.

10. Revuelve.

11. Vierte el aceite de oliva hasta cubrir todos los ingredientes.

Truco

- Es ideal preparar esta salsa un día antes para que los sabores se integren.
- Manténla refrigerada.

Pimientos asados

Los pimientos, además de ser vistosos, aromáticos y coloridos, son deliciosos. Es muy complicado tener que retirar la piel de los pimientos, pero el esfuerzo será recompensado en cada bocado. Además, la idea es preparar los pimientos un día antes y refrigerarlos. La combinación de un jugoso corte recién asado acompañado de los pimientos fríos es exquisito.

Ingredientes
Ingredientes	Cantidades
Pimientos rojos	4 piezas grandes
Aceite de oliva	4 cucharadas o 60 ml
Ajo fresco	2 dientes de ajo

Utensilios
Tabla para picar
Comal
Bolsa plástica
Trapo limpio de cocina
Cuchillo de sierra para carne
Platón
Plástico transparente auto adherible

Preparación
1. Lava los pimientos para retirar la tierra sobre todo en la parte del tallo.
2. Sécalos.
3. Con un cuchillo de sierra parte el pimiento separando las secciones naturales que tiene.
4. Coloca el pimiento encima de la tabla para picar y con el cuchillo retira las semillas y las venas blancas.
5. Coloca un comal en la estufa y cuando esté caliente asa los gajos del pimiento.
6. Es importante darle varias vueltas hasta que toda la piel este negra.

7. Coloca los gajos de pimiento en una bolsa plástica y envuélvela con un trapo y déjalo reposar por 10 minutos.
8. Ve retirando el pimiento de uno por uno y con el cuchillo limpia y retira la piel negra.
9. Ve colocando el pimiento limpio en un platón.
10. Pica el diente de ajo.
11. Baña por ambos lados los pimientos con aceite.
12. Agrega sal de grano y pimienta negra recién molida.
13. Agrega el ajo.
14. Cubre con película transparente y refrigera.

Tips

- Un pequeño cuchillo de sierra te ayuda a no romper ni cortar de más el pimiento.
- Colocar los pimientos calientes en la bolsa es para que suden. Eso ayuda a que te sea más fácil retirar la piel.
- Envolver la bolsa con los pimientos con un trapo ayuda a mantenerlos calientes.
- El mismo aceite que preparaste para barnizar los cortes puedes usarlo para los pimientos.
- Puedes utilizar pimientos verdes, naranjas o amarillos.
- Estos pimientos fríos son deliciosos con el contraste de la carne recién asada.

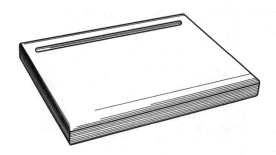

Chiles toreados

Estos chiles son el toque perfecto para darle un punto de sabor a nuestra carne asada. Tradicionalmente, los chiles toreados van fritos, pero asados son deliciosos. El uso de la palabra "toreados" para nombrar esta receta viene porque antiguamente, antes de cocinarlos, se frotaban contra cualquier superficie usando las manos. Esto hace que el aceite de las semillas se distribuya por todo el chile, provocando que sean aún más picosos. Posiblemente esta acción se asemeje a hacer enojar a un toro.

Ingredientes
Chiles verdes
Aceite

Cantidades
5 chiles
1 cucharada o 15 ml

Utensilios
10 palillos grandes de madera

Preparación
1. Ensarta los chiles verdes con 2 palillos de manera paralela.
2. Barnízalos con aceite.
3. Asa hasta que veas que la piel está "reventada" y estén ligeramente dorados los chiles.

Tips
- Ensartar los chiles con dos palillos o pinchos para brochetas te ayudará a que no se caigan por los barrotes de la parrilla y que no giren.
- Puedes utilizar del aceite que ya preparaste en la receta aceite para barnizar.

¿DÓNDE COMPRAR?

Asadores de gas
www.webermexico.com
www.lazyman.com

Asadores estilo argentino
www.hobbygrill.com
www.asadoresestiloargentino.com.mx
www.elbuenasador.com.mx
www.solacero.com

Ataúdes
www.asadoresdonregio.com

Construye tu propio asador
www.construyetuasador.com

Asadores usados
www.mercadolibre.com.mx
www.segundamano.mx

Hibachi
www.basspro.com

Portátiles
www.carboneat.com

Parrillas y asadores – restaurantes
www.ecochef.com.mx
www.servinox.com.mx
www.porticodemexico.com
www.modularchef.com
www.manufacturaslozano.com

Cursos
www.parrilladas.com

Atrapa moscas
www.rescue.com
www.ecotrap.com.mx
www.arod.com.mx

Tiendas especializadas en carne de res
www.rycalimentos.com
www.carneslaguna.com.mx
www.carnesramos.com.mx
www.carnessanfrancisco.com.mx
www.carnessanjuan.com
www.xodechihuahua.com.mx
www.ranchoel17.com
www.sukarne.com

Tienda especializadas en carne de cerdo
www.kowi.com.mx

Carnes exóticas
www.mercadosanjuan.galeon.com

Carne wagyu
www.lasluisas.com

Todas estas páginas
estaban vigentes al
término de esta edición.

ANEXO

Equivalencias de nombres de carnes por país

MÉXICO	ARGENTINA	BRASIL	CHILE
Aguayón	Corazón de cuadril	*Miolo de alcatra*	Asiento de picana
Arrachera	Centro de entraña	*Fraldinha*	Pollo barriga
Centro de falda	Vacio	*Vazio*	Tapabarriga
Chambarete de brazo	Brazuelo	*Garrao*	Osobuco
Costilla cargada	Costillar	*Costeláo*	Costillar
Costilla	Asado de tira | Asado	*Costela*	Asado de tira
Cuete	Peceto	*Lagarto*	Pollo ganso
Diezmillo	Tapa de asado	*Acém*	Plateada
Empuje	Colita de cuadril	*Maminha*	Punta de picana
Entraña	Entraña fina	*Entranha*	Entraña
Espaldilla	Marucha	*Ganhadora*	Punta de paleta
Falda	Bife de vacio	*Bife de vazio pacú*	Palanca
Filete	Lomo	*Filé mignon*	Filete
Juil	Chingolo	*Peixinho*	Choclillo
New York	Bife angosto	*Contrafilé*	Lomo liso
Rib-Eye Entrecote*	Bife ancho	*Ponta de contrafilé Noix Coração do Contrafilé*	Lomo vetado
Rib-Eye con hueso *Cowboy Steak*	Bife ancho con costilla	*Bisteca ou chuleta completa*	Lomo vetado con costilla
Pecho	Pecho	*Pieto*	Tapapecho
Planchuela	Carnaza de paleta	*Miolo de paleta*	Posta paleta
Pulpa blanca	Cuadrada	*Coxao duro*	Ganso
Pulpa bola	Bola de lomo	*Patinho*	Posta rosada
Pulpa negra	Nalga de adentro	*Coxao mole*	Posta negra
Rollo de diezmillo	Aguja	*Acém*	Huachalomo
Suadero	Matambre	*Matambre*	Malaya
Tapa de Aguayón	Tapa de cuadril	*Picanha*	Punta de ganso
T-Bone	Bife angosto con lomo	*Entrecot ou t-bone*	Entrecot

* Del francés *entrecôte* "entre costillas"

COLOMBIA	ESTADOS UNIDOS	PERÚ	ESPAÑA
Cadera	*Center cut sirloin*	Asado de cadera	Rumsteak
	Hanging tender	Centro de entraña	Delgado entero
	Thick skirt	Huachalomo	
	Flap | Flank steak	Malaya	Falda
Lagarto de brazo	*Shank*	Choclo	Jarete | Morcillo delantero
Costilla	*Back ribs*	Costillar | Asado de tira	Costillar
	Short ribs	Costilla	
Muchacho	*Eye of round*	Pejerrey	Redondel
	Short plate	Plateada	Tapa de lomo alto
Colita de cadera	*Tri-tip*	Colita de cuadril	Babilla
	Rump steak	Bistec de cadera	
	Skirt steak | Outside skirt Hanger steak | Hanging tender | Thick skirt	Entraña	
Paletero	*Top blade*	Asado de paleta	Espalda
Falda	*Flank steak*	Vacío | falda	
Lomo fino	*Tenderloin | Filet mignon*	Lomo	Solomillo
Lomo de brazo	*Mock tender*	Bistec de paleta	
Lomo ancho	*Strip Steak | New York Strip Kansas City Strip |Top Loin*	Bife angosto Churrasco largo	Lomo
Lomo ancho	*Short loin | Rib-Eye Delmoni-co steak | Rib-Eye roll*	Bife ancho Churrasco redondo	Lomo alto
Lomo ancho con hueso	*Prime rib steak*	Entrecot	
Pecho	*Brisket*	Pecho	Pecho
Bola de brazo	*Shoulder clod*	Asado de brazuela	Espalda
Bota	*Outside round*	Asado de pierna	Contratapa | Redondel
Bola de pierna	*Knuckle*	Cabeza de lomo	
Centro de pierna	*Inside round*	Tapa	Tapa
Lomo de aguja	*Chuck roll*	Asado de aguja	Aguja y espalda
	Rose meat	Matambre	
Punta de anca	*Sirloin cap Tip o top of bottom round Top round*	Cadera	Cadera sin babilla
	T-Bone steak	T-Bone	

Anota tus propias recetas